ISBN: 10-1480111031

ISBN-13: 978 1480111035

Diário de quem amou sem limite

De um grande amor podem resultar as cinzas de uma grande desgraça.

Um morto pode ter deixado muitas contas por pagar, mas nunca mais presta contas a ninguém. É a vantagem de se tornar imortal.

O final chegara! Alguns afirmavam ter acontecido demasiado cedo, era a maioria. Outros, a minoria, faziam notar precisamente o contrário. Os primeiro eram os amigos. Aqueles com quem estudou, trabalhou e evoluiu profissional e socialmente, ao longo da sua existência. Esses, os amigos, achavam que o cumprimento da ordem da extinção tinha sido executada antes do prazo de validade, que julgavam ter sido atribuído ao agora extinto. Por isso, talvez, com pena do que tinha acontecido, tinham-se apresentado para prestar uma última homenagem, que o visado não lhes iria agradecer nem condenar, por ali terem vindo. Por outro lado, enquanto repousava, na reduzida divisória do silêncio, alguns dos amigos do ocupante, em grupo, iam comentando os bons momentos que passaram juntos, enquanto umas gargalhadas abafadas se faziam notar no meio do velório. O outro grupo, o dos familiares, com os elementos formados ao lado direito do corpo, observavam-no com outro olhar diferente dos elementos do grupo dos amigos. Em primeiro, apresentavam-se requintadamente vestidos de preto. De algumas roupas exalavam cheiro a naftalina. Era sinal que tinham sido usadas poucas vezes, ou não sendo da propriedade do portador poderiam ser de aluguer, pois, em qualquer casa que se preze, não haverá candidatos a ocupar lugar no reino dos céus com muita frequência. Isso, ainda não virou moda, mas lá chegará o tempo. É questão de aguardar. Irão até atropelar-se para atingirem o estado imortal em primeiro lugar. Serão equiparados aos suicidas voluntários.

Assim que a gargalhada contida a custo se fizera notar, os constituintes do grupo silencioso e vestidos de negro, desviaram o olhar de controlo sobre aquele que se encontrava na posição horizontal, por breves momentos, desvirtuando a imagem ocular sobre os incomodativos ali presentes.

Era certo que a intenção do grupo mais alegre não se encontrava em local próprio para escarnecer de alguém vivo, muito menos do falecido. Apenas e somente, estavam em exame de retroflexão sobre alguns aspetos comportamentais em que estiveram presentes, e o candidato involuntário à última viagem tomara parte ativa nos atos de bem recordar.

O grupo silencioso manifestava-se, de vez em quando, por um suspiro coletivo. Logo que um deles mostrasse o primeiro sinal de incómodo, automaticamente, os restantes seguiam-lhe o exemplo, parecendo que estavam em sintonia para o efeito. Outras vezes, quando um iniciava o pranto, os outros eram contagiados, como se tratasse de uma praga. Formavam uma espécie de orquestra, somente que o maestro não tinha batuta na mão e, para contraste, não estava na posição vertical como é hábito nessas ocasiões. A última posição em que o colocaram, horas antes, jamais a alterara. Morto que se preza assim procede.

Pelas vinte horas, mais elementos das redondezas apareceram. Uns porque o conheciam, outros porque nada tinham para fazer, apresentando-se para passarem umas horas a espionarem a vida de terceiros; apenas a do morto já não teria interesse. Depois, havia outro grupo que se formara pelas vinte horas e trinta minutos, o das mulheres. Essas tinham chegado em último lugar. Estiveram a concluir as tarefas domésticas, enquanto os maridos foram à tasca beber um pai-nosso em memória do viajante. Não queriam que ele, lá dos seus aposentos definitivos, os criticassem por passarem sede, somente porque o Chefe o tinha mandado apresentar, no escritório do advogado encarregado da fiscalização dos comportamentos do corpo, enquanto vivo, e dependente das leis divinas. Também desconheciam se o viajante já tinha sido informado da razão porque fora obrigado a partir e quem era o responsável máximo por essa decisão. É que esta coisa de partir tão rapidamente, sem dar tempo a despedidas, reflete uma falta de respeito perante todos aqueles que ficam a aguardar a sua vez e, em muitos dos casos, os elementos sobrantes têm maior prazo de existência. Trata-se de uma incoerência. Todos deve-riam ter o mesmo tratamento, mas parece que, no caso da vida e da morte, existem benefícios, por simpatia, sem que se conheçam as regras gerais. Se todos são feitos da mesma forma e com idêntico material, não faz sentido que uns sejam de longa duração e outros de curta. Aqui a lógica parece não ter cabimento. Não será ela apenas da mente e não se ligará com o corpo?

O grupo feminino não viera com intenção de fazer olhinhos ao morto. Isso estava fora de questão. Um corpo morto é sempre um morto e, por mais que o cobicem, apenas serve para lançar ao lixo; na terra ou na fogueira, se bem que alguns acabem por não irem para nenhum dos dois destinos. Assim que se agruparam, ao lado direito do corpo e aos seus pés, iniciaram a realização de um mantra vocalizado, de caráter religioso, em que o visado não dera sinal de apreciar ou rejeitar. Por aquilo que se deduzia, eles estavam a preparar-lhe a viagem, recomendando-o aos que o esperavam à porta celestial, para que lhes dessem boa aceitação. Ele fora uma personagem importante na sua aldeia natal, onde permanecera muito tempo, apesar da sua atividade ter sido realizada noutra localidade bastante distante dali, desde o nascimento até à caminhada definitiva, em vias de conclusão.

Por mais sons que emitissem os elementos femininos, em pedidos de compreensão, compaixão e outras incompreendidas atitudes, que para uns eram boas e para outros o oposto, os destinatários não davam resposta nem mandado. Mas isso seria uma atitude correta? A pronúncia não se fazia ouvir, pois não seria conveniente, no meio de tantos elementos que estavam atentos a fenómenos, exceto à "purga do morto". Por princípio, os subornos são feitos às escondidas, com exceção daqueles que são tantas vezes repetidos que todos subornam e todos se deixam subornar.

O grupo dos silenciosos continuava imóvel na sua postura irrepreensível à luz das boas regras sociais. Recebiam os cumprimentos de condolências, deixando jorrar mais umas lágrimas, remetendo-se rapidamente ao recolhimento mental, como se não fossem herdeiros. Se isso tivesse lugar em circunstâncias diferentes, afirmar-se-ia que todos estavam numa sessão de meditação coletiva, a fim de serenar os seus espíritos e relaxar os seus corpos, mas era duvidoso que assim procedessem.

Cerca das vinte e três horas, chegaram mais dois homens para se juntarem aos presentes. Eram o tasqueiro e o barbeiro. O tasqueiro ou taberneiro era considerado um dos comerciantes mais bem informados das aldeias. O barbeiro, sendo um dos profissionais que tinha melhor conhecimento sobre a vida das pessoas, pois a esmagadora maioria dos homens, pelo menos, uma vez por mês, passava pelas suas mãos. Nas adegas, tascas ou tabernas, embora não fossem visitadas pela mesma maioria, o certo era que, muitos deles, iam lá cumprir a obrigação todos os dias, tardes e noites, consoante os seus afazeres lhes davam tempo para isso. Outros faziam-no por profissão de fé. Criam que ali tinham a salvação completa. Por causa dessa assídua permanência, todas as novidades eram lançadas no ar e os proprietários apanhavam-nas, com muita abnegação, para depois as passarem aos outros visitantes. O primeiro munira-se do estojo da água benta e borrifara o defunto, mas com tal violência que os do grupo silencioso deram sinal de reprovação. Pareceu até que fora um sinal de vingança a sua ação. O hóspede do armário, feito em madeira e forrado a tecido, não era seu cliente, portanto, o taberneiro também poderia ter ficado em casa ou na tasca. Mesmo que se não apresentasse ali ao morto e seus familiares não faria diferença, pois, quando chegasse a hora da sua última viagem, como acontece com todos, aquele jamais se apresentaria no seu velório ou em qualquer de um outro. A natureza é de uma ingratidão sem qualificação; ordena a uns que enterrem outros, mas nunca os primeiros terão o privilégio de fazerem o favor aos segundos; é uma regra injusta. Somente um estúpido e ignorante, simultaneamente, fora capaz de conceber tamanha desigualdade.

"Cuidado!" — afirmara um dos presentes do grupo barulhento — "Os familiares não parecem gostar das nossas expressões verbais. Olhai para eles!"

O assunto em chamada de atenção era verdadeiro. Todo o grupo dava sinal de inquietação perante os sinais de alegria que, uma vez por outra, sobressaíam do conjunto. Depois, um deles afirmou em voz baixa, como se fosse pronunciar um segredo:

"Não sabeis que o morto era rico?"

"Sim, acho que todos os presentes e os ausentes sabem disso, nunca foi segredo" — afirmara o mais idoso do grupo.

"Pois é! Por causa disso é que os familiares estão tão tristes. Nunca mais se livram dele para iniciarem as partilhas. Aqui o nosso amigo, que se finou, tem mais valor para eles neste estado de imobilidade permanente horizontal do que tinha se estivesse vivo em qualquer posição."

"Então, uma coisa dessas é para se dizer? Olha que eles podem ouvir!"

"Mas é a verdade! Por exemplo, se o homem tivesse apenas uma pensão de reforma de elevado valor, para os familiares, ele valeria mais vivo do que morto. Dessa maneira, enquanto vivesse, eles teriam hipótese de viverem à custa do seu rendimento, mas quando existem muitos valores temporais e financeiros disponíveis, o caso é diferente, muito diferente, extraordinariamente diferente. Chega até a ser contranatura."

"Ora explica isso em linguagem de gente! Daquela que todos nós possamos entender. Acho que a nossa inteligência de entendimento não alcança tanta sabedoria."

Fez-se silêncio. Ficaram a remoer o assunto mentalmente. Parecia que cada um deles estava a analisar em qual das situações se encontrava, se na primeira ou na segunda hipótese. O caso divulgado não era para levar de ânimo leve. Tratava-se, afinal, da vida de cada um, ou não teriam atingido o ponto fulcral em que o amigo o tinha posto, querendo testar a sua capacidade de entendimento.

»»..««

A ceifa do centeio tivera início. Depois de recolherem o produto do trabalho, daquele estafante dia, abandonaram os campos. De seguida, os bandos de pardais assenhorearam-se do espaço, regalando-se com os grãos perdidos. Chilreavam de alegria; comendo sem trabalho. Viviam à custa do trabalho alheio, mas não tinham sido informados disso pelo seu chefe supremo. Não deveriam ser considerados oportunistas, mesmo desconhecendo o que era a segurança social dos humanos?

Prostrada na janela da casa senhorial da quinta, uma das proprietárias observava os saltos que as aves davam e protestava contra elas: "A comeram de graça. Malditas!"

A juventude dela não era condizente com as suas atitudes. Também não era de estranhar; nascera em berço de ouro. Enquanto o pai esteve emigrando no Brasil a família vivera na casa de lavoura. Após conclusão da nova construção, casa de grande esplendor para a época, no meio rural, a família passou definitivamente a residir nela, sendo a parte agrícola ocupada pelo feitor dos terrenos que pertenciam àquela família. Os bens de que eram detentores uns foram adquiridos, por herança, outros por compra com o dinheiro que jorrara de terra distante. A quinta agrícola, identificada-se pelo nome de "Quinta de Lamego", e era composta por diversos campos, montes, casa e árvores de grande porte, de folha perene, apenas para ensombrar a casa, sendo circundada por estrada e caminhos públicos que lhe davam acesso fácil, a pé ou por carros puxados pelos animais, ou por veículos motorizados. Árvores de fruta diversa completavam o cenário rural. Era terra produtiva que alimentava suficientemente aquela família e todas as pessoas que nela trabalhavam. Tinha, também, eu seu favor, a pequena distância que distava da igreja paroquial da freguesia, e da estrada nacional que fazia a ligação à cidade, sede do concelho de Penafiel, e à cidade do Porto, capital do distrito. Uma eira de avantajadas dimensões, em largos blocos de granito azul da região, era um conjunto necessário e imprescindível à exploração. Ao lado norte, um enorme espigueiro, dividido em duas partes, dava abrigo a muitos milhares de espigas de milho que ali ficavam o tempo necessário à secagem. Um ribeiro corria, desde os montes ao longe, passando pela borda dos campos, de onde retiravam a água necessária à rega. Antes do curso sair da propriedade, para a de outro agricultor, uma parte do volume do líquido era desviado para fazer movimentar a roda do moinho, cuja água batia de encontro às pás de madeira da roda que fornecia o movimento necessário à pedra da mó. A sua utilização era apenas para moagem dos cereais que necessitavam para a alimentação da casa. No restante tempo, a maior parte, a comporta era fechada e tudo ficava em sossego.

O atual proprietário tinha regressado do Brasil em mil novecentos e trinta e cinco. Fora parar a terra distante em busca de melhor sorte. Deixou mulher, duas filhas e um rapaz de seis anos. As raparigas tinham apenas dois e quatro anos de idade quando partira. Quando regressou, não conhecia as crianças, já com doze, catorze e dezasseis anos de idade. Durante dez anos de ausência, nunca viera ao país de origem. Apenas escrevia, uma vez por mês, mandando igualmente uma transferência de fundos financeiros para a mulher.

Com o dinheiro que foi conseguindo ganhar e transferindo, comprou a quinta onde tinha sido feitor. Por causa da ausência do marido, a mulher teve de se sacrificar, utilizando também a ajuda das crianças. Havia trabalho para todos e para o pessoal que contratava na época das sementeiras e colheitas, e para a malhação do milho e a ripagem e espadelada do linho. Eram trabalhos de escravatura voluntária.

O marido ausente também tinha todo o tempo ocupado. Conhecedor que era do fabrico de pão artesanal, desde a sementeira do grão até ao consumir do pão, em parceria com outro português emigrante, abriram a primeira padaria em S. Paulo. Teve grande êxito e ao fim de um ano de trabalho já tinham mais duas a funcionar, em pontos estratégicos, devidamente escolhidos. Ao fim de nove anos de trabalho vendeu a sua parte ao outro sócio e regressa definitivamente para junto da família.

»»..««

Depois de algum tempo de espera, por parte dos vivos, pois o morto não contava o tempo, o padre entrou enfeitado. Estava ornamentado com os farrapos bem preparados e lavados pelas lorpas que acreditavam estarem um passo à frente dos outros, para conseguirem um lugar próximo do ditador-mor das regras do comportamento; Deus. O único elemento silencioso estava isento de preocupações e provocações sobre a passagem das horas. Por um lado, o morto não podia fazê-lo por não ter relógio no pulso. Por outro lado, mesmo que o tivesse, na posição em que se encontrava, também não conseguia observar as horas. É que ninguém se preocupara com esse pormenor; nem família nem cangalheiro. Faltava-lhe um espelho retrovisor.

O defunto estava apresentável. Bem vestido e com boa aparência facial. O barbeiro tinha-se esmerado no seu trabalho. Seria a última vez que lhe prestava o serviço e, ao contrário das outras vezes, não recebera diretamente do cliente o valor do serviço feito; coisas da vida. Um fato novo, cinzento com riscas brancas, assentava-lhe irrepreensivelmente. Uma camisa branca fazia-se notar, tendo para complemento visual uma gravata de seda amarelo escuro com grandes pintas verde musgo. O último elemento decorativo, um par de sapatos com acabamento de verniz, embelezava a indumentária para a viagem de férias sem retorno. Na sola dos sapatos, poder-se-ia ler o número que calçava, e a falta de uso dos mesmos, dado o seu estado de conservação, sem a mínima sujidade. Contudo, algo não condizia com o conjunto: uma etiqueta informava o custo do material. Deveriam ter ido diretamente da caixa de cartão para os pés dele, no exato momento do empacotamento.

"Vamos pedir a Deus pelo nosso irmão aqui presente!" — afirmou o abade.

Seguidamente, virou-se para o altar, desprezando o morto, iniciando uma conversa em monólogo, pois ninguém respondia, sim ou não, a meter a cunha para que o defunto fosse bem recebido lá nos confins da prestação de contas. Estaria a pensar na justiça da Santa Inquisição?

Agora, estava entendido porque motivo o morto estava com aspeto impecável de apresentação. É que ele ia partir, dentro de pouco tempo, para a sua última morada, se ninguém lhe viesse a dar ordem de despejo, com destino ao centro de emprego divino, e se não fosse com bom aspeto, o funcionário que o iria receber poderia mandá-lo para outro setor de menor rendimento, julgando tratar-se de um sem-abrigo.

Enquanto o abade foi fazendo as encomendações, para o único elemento que se encontrava em posição horizontal e mais silencioso, que o local onde o apartamento o esperava, os familiares faziam questão de mostrar, aos amigos e conhecidos do viajante, quanto ele valia para eles.

Um dos amigos, aquele que lhe fizera companhia durante mais de trinta anos, comentou para o lado:

"Então, aqui o meu amigo vai a enterrar dentro de pouco tempo e o padre está a pedir para que Deus o receba bem e lhe dê o Céu?"

"É verdade!" — respondeu o outro, que se encontrava ao lado, em voz baixa.

"Não estou a perceber! Como é que Deus o vai receber se o homem vai para debaixo da terra daqui a pouco? Deus também está dentro da cova à espera dele?"

"Por acaso o padre disse que era o corpo que ia em direção ao Céu ou a Deus? Não disse isso, apenas que a alma dele fosse contemplada com a misericórdia de d'Ele."

"Estou a perceber! O homem era tão rico que se dividiu em dois; uma parte fica no cemitério, a que cheira mal, e a outra, a invisível, vai para a central de prestação de contas, é isso?"

Iam conversando em voz baixa, não por causa de incomodarem o defunto, mas para que não interrompessem a lengalenga do padre e de todos os outros. Aqueles dois estavam ali presentes, mas não era hábito frequentar o local, preferindo sempre ocupar os tempos livres em amena cavaqueira na loja do Alcino. Naquele local, podiam tratar das necessidades do corpo e, pelo mesmo preço, porem a alma a flutuar até à presença de Deus. Outras vezes, por excesso de carburante, a alma também se esbarra contra o diabo, entrando em conflito.

Na adega, discutiam até altas horas, principalmente aos sábados, todos os assuntos relativos aos vivos e aos que já não o eram. Falavam da alma, espíritos e outras coisas que nunca tinham sido observadas, por nenhum deles, analfabetos ou com alguns conhecimentos escolares do ensino primário.

Dentro da pouca instrução escolar dos presentes, os debates, por vezes, tinham algum interesse, mesmo falando daquilo que tinham ouvido contar e mais alguma coisa que lhe acrescentavam.

Após a última despedida, o cemitério ficou vazio, tendo o coveiro ficado a desfazer aquilo que tinha concluído poucas horas antes.

Vagarosamente, por entre pedras no caminho público, os dois amigos dirigiram-se para a adega onde iam matar as saudades que tinham da caneca de porcelana de que já não sentiam o seu peso na mão haviam passado quatro horas.

A sede apertava por causa do calor, mas no local que tinham frequentado o único que podia beber vinho era o padre, e esse não o iria partilhar, em nome de Cristo nem de outro qualquer, com eles. Entretanto, na casa das pipas, alguns dos presentes na despedida já ali se encontravam. Caminharam a toda a pressa, para serem os primeiro a matar a sede, antes que fossem mortos por ela. O assunto em conversação era sobre o morto que deixaram no cemitério a contas com o coveiro. O corpo era o de um homem respeitável, mas o trabalhador da junta de freguesia abrira a cova sem se preocupar com quem ia ser o inquilino. Já tinha afirmado, a alguns apreciadores da boa pinga, como ele, que o que mais o preocupava era a de, por altura de lhe tocar a ele ir ocupar um lugar igual a todos aqueles para quem tinha feito um trabalho sujo, os seus clientes não iriam estar presentes. Quanto a ele, poderia executar a primeira parte, mas quanta à segunda, o cobrir de terra, era coisa que só poderia fazer aos outros. Depois continuava a afirmar que todos os que cobrira com terra nunca lhe agradeceram nem lhe poderiam retribuir o serviço. Seria outra aberração da natureza? Já não serão aberrações a mais? Ou a natureza será, ela própria, uma completa aberração?

Depois de um funeral naquela freguesia, na tasca do Alcino, as conversas, até altas horas, eram sempre iguais. Falavam do morto, daquilo que ele fizera de mal, pois a parte do bem já tinham esquecido. Comentavam os valores ou as dívidas que tinham deixado e a forma como os herdeiros iriam resolver as coisas.

Os funerais eram sempre realizados da parte de tarde. Nunca tinham vontade de regressar ao trabalho depois da cerimónia fúnebre. O sol iria esconder-se rapidamente, por isso a tasca era o ponto de encontro para todos quantos se tivessem deslocado, no acompanhamento de casa do falecido até à igreja, e desta ao cemitério, a poucos metros de distância.

Aqueles que tinham as roupas das confrarias, que ajudavam os presentes a velar pela alma do morto, desenvencilhavam-se de tudo o que não fazia falta na tasca e corriam para lá, a fim de se juntarem aos restantes.

As mulheres que fizeram parte do acompanhamento a pé e a rezar, todo o percurso, no final, dirigiram-se para suas casas onde não faltava trabalho à espera delas. Por isso é que eram consideradas inferiores em relação àqueles de quem dependiam e eram obrigadas a obedecer, caso contrário, o inferno era o seu destino. As mulheres não tinham direito a irem beber umas canecas de verde tinto, nem a sujarem as camisas como acontecia, pelo descuido dos bebedores, nem tão pouco perderem tempo sobre distribuição ou pagamento das contas que o finado deixara aos herdeiros. Isso era resolvido no lavadouro público enquanto trabalhavam, lavando roupa suja.

Já passava das vinte e três horas quando chegou um familiar do enterrado, haviam passado algumas horas. Fora recebido com surpresa pelos presentes. Julgavam-no no meio de uma discussão familiar em virtude da divisão dos bens deixados não agradar a todos, como é costume no meio dos seres humanos. É ganho de mão-beijada, mas nunca é o que se espera e insuficiente ao mesmo tempo. Os outros ficam sempre com a melhor parte, é uma questão de desumanização garantida, e método afincado pelos gananciosos.

Tão depressa se abeirou do balcão, onde as canecas de porcelana eram mais do que os elementos presentes, alguém se encarregou de lhe dirigir a palavra com uma pergunta:

"Bebes uma caneca de tinto ou estás de luto?"

Uma risada coletiva fizera-se ouvir e o tasqueiro cumpriu imediatamente a vontade do perguntador sem se preocupar com a sede do visitante acabado de entrar.

"Eu bebo uma das grandes, mas pago!" — afirmou em voz alta, como a querer informar que não queria favores de alguém.

"Podes pagar a tua à-vontade e se quiseres também se incluem as nossas na conta. Já estarás rico a estas horas!" — o cliente que lançara a pergunta respondera.

"Rico? Não! Afinal, aquele bandido apenas deixou dívidas!"

"Espera lá, Gonçalo! Já bebeste muito? O morto não era rico?" — interrogou o tasqueiro.

"Não, não era. Era só fachada. Quando ia para a cidade do Porto, tratar dos negócios, metia-se no jogo e nas mulheres de vida fácil, fácil segundo dizem, mas não me parece que assim seja. Foi o desterro! Agora, a viúva, minha tia, está em casa a chorar por quantas tem. Chora pelo defunto e pelos vivos que lhe querem comer o resto que ainda está de pé. Já apareceram credores aos molhos. Falta saber se os bens não estarão também dados de garantia a algum agiota, que será o mais certo" — afirmava com convicção.

"Valha-nos Deus!" — exclamou um dos presentes, enquanto levantava a caneca ao nível da boca.

"Não metas Deus nesta coisa! Ele nada sabe de lutas pelas heranças entre os humanos. É um autêntico ignorante!"

"Livra que és mesmo um ateu confesso! Deus tudo sabe e também tudo vê, logo, também conhece muito bem o comportamento das pessoas, não é como estás para aí a deitar pela boca fora. Cometes um pecado!"

"Queres meter Deus no meio da confusão das partilhas de herdeiros, mas estás enganado. Ele nada tem a ver com a ignorância, agiotice, soberba, maldade e ganância dos homens. Tudo acontece porque o homem assim quer. Deus deu-lhe a capacidade de discernir, mas na maioria dos casos, em que envolva dinheiro e bens, são todos iguais; cegos e estúpidos, podes crer."

"Vejam lá quem falou em defesa de Deus!" — o moço, empregado do Alcino, metera-se na discussão por detrás do balcão.

"Se Deus soubesse de tudo e fosse bom para as pessoas eu não estaria aqui a beber este vinho tão fraco." — a afirmação partira da mesa de jogo onde um trabalhador da floresta tomava conta da caneca com os olhos, pois a mão já não a conseguia levantar.

"Dizes bem, Miguel! Se Ele fosse bom para ti, nem precisavas de vir à adega, punha-te uma pipa em casa todas as semanas. Até tomavas banho, o que não acontece há muito tempo."

As afirmações estavam a ser emitidas por todos os presentes, um por cada vez, como se obedecessem a uma ordem de trabalhos previamente estabelecida.

"Mude-se de assunto! Com dívidas ou sem elas, não se esqueçam de estar presentes na missa do sétimo dia, o falecido agradece."

"Lá estarei, mas não quero que ele me agradeça. Irei à igreja nesse dia. É minha obrigação. Éramos amigos. O falecido sempre me respeitou muito. Eu sei que ele não fará isso por mim quando eu for para o outro mundo, mas não quero desiludi-lo, e vocês façam o mesmo" — a afirmação partira da boca do barbeiro que tinha o seu estabelecimento, de embelezamento masculino, junto do adro.

O barbeiro, através da janela, situada no primeiro andar, tinha vista privilegiada sobre o movimento em todo o adro. Não necessitava perguntar para estar informado de quem ia e quantos iam àquele local, se entravam ou não do templo, onde se falava em representação de Deus e seus diretos colaboradores, também figuras espirituais celestiais, incluindo o mafarrico-mor. Este, no final, depois do Chefe-Maior, era uma espécie de presidente de um partido de extrema; desestabilizador do sossego humano.

Depois da afirmação emitida entre alguns soluços e pigarro, provocado pelo fumo do cigarro, uma voz de homem fez-se ouvir, mas não se concluíra se queria dizer sim ou, pelo contrário, não tinha vontade de voltar a por os pés na igreja tão cedo. Para as últimas despedidas ao defunto, alguns nem se preocuparam com a falta ao trabalho, nessa tarde, mas ter que levantar cedo para ir à igreja, num dia de semana, só seria provável para mulheres. Essas, para sua salvação e de todos os elementos da família, gostassem ou não de vinho, estavam sempre prontas, em prejuízo das suas lides domésticas e agrícolas, para se irem rebolar no soalho da igreja, aproveitando para apanhar as areias que todos transportaram debaixo dos socos. Por outro lado, Deus estava acima de tudo, dizia o abade, e mais alguns da mesma confraria. Ele, Deus, tinha compaixão daqueles que Lhe obedeciam, mas ninguém recebera diretamente as suas ordens, nem O conheciam através de fotografia ou autenticação; era sempre fantasia da mente, da mente que não acreditava, mas que impingia aos outros, como verdade, para que, eternamente, pudessem e possam continuar a viver à custa da ignorância. Não na ignorância coletiva, porque muitos estão de olhos sem taipal.

Na prática das obrigações religiosas, aos dias de semana e principalmente em domingos e dias santificados, as mulheres ocupavam a maioria dos lugares da igreja. O número de presenças era infinitamente maior que o dos homens. Um outro grupo, em menor escala, o das crianças, lá se encontrava à sombra de um ou mais adultos para se iniciarem na audição de coisas que eram e continuam a sê-lo autênticas aberrações; "comer um pouco do corpo e beber um pouco de sangue." E aqueles que são de alimentação vegetariana?

O grupo das mulheres estava a contrastar com a prática da própria igreja e do quotidiano daquele que dera origem ao Cristianismo; Jesus de Nazaré, mas não fora o seu criador. Ele nem se apercebera do que estava em jogo no seu último jantar. É que em todas as reuniões do grupo de seguidores, das Suas preleções, as mulheres estavam ausentes, a não ser uma que por lá andou misturada e que fora mal vista. Assim, leva a pensar que tendo sido rejeitada a presença delas, por as considerarem objetos ou coisa sem valor, elas agora se vinguem a atormentar o fundador do grupo que veio dar origem à religião e Seu Pai, com as rezas que lhes dirigem, em pedidos de socorro, para anular os males que as perseguem, não lhes dando descanso durante o dia ou noite, principalmente, quando está na hora de deitar.

Na adega, a conversa tomava destaque em relação às outras noites. Era uma noite diferente; tinha havido um funeral há pouco tempo e, no momento, quando pensavam terem acompanhado um morto rico, um familiar vinha afirmar precisamente o contrário; deixara dívidas. Apenas seria rico de montantes financeiros que não liquidara a quem era credor.

Nas terras onde todos se conheciam entre si, e os pormenores da vida de cada um, ninguém fizera previsões ou imaginação do que teria contribuído para que, um homem considerado rico, agora, morto e enterrado, segundo os preceitos da lei civil e da religiosa, se encontrasse num patamar que não estaria de acordo com a sua condição social.

Ao receberem a notícia sobre o estado em que se encontravam os bens que os açambarcadores de heranças tinham filados na mente, muitos deles, como de costume, pronunciaram a célebre frase: "Não acredito!" — Pois não. Não era para acreditar. Dinheiro nunca faltara naquela casa. O proprietário, que agora já não o era, afirmara e demonstrara que os negócios eram bons e lucrativos. Mas os familiares que sempre viveram à sua sombra jamais se preocuparam em acompanhar a sua evolução. Todos, mulher, filhos e noras, viviam daquilo que não produziam, e nem queriam que o chefe os convidasse a irem fazer uma visita, quanto mais falar-lhes numa simples coisa chamada trabalho.

Perto da meia-noite, entrou mais um habitante do lugar na tasca. Estava na hora de fechar e todos deveriam regressar aos seus lares. O recentemente chegado não deveria ter necessidade de ali ter ido proceder ao reabastecimento de combustível líquido. Dava a entender ser portador de quantidade suficiente para as próximas vinte e quatro horas, mais coisa menos coisa.

Independentemente do estado do tempo e do dia da semana, o visitante regressava ao estabelecimento de comes e bebes, mais bebido que comido, a horas certas ou quase, como se estivesse programado. Em relação a isso, o caso era simples e conhecido por todos os frequentadores, sem exceção. Todas as outras tascas das redondezas encerravam mais cedo que a do Alcino. Ele iniciava a via sacra a dois quilómetros dali, vindo fazer o último louvor e agradecimento àquela que encerrava mais tarde. Conseguia deslocar-se por caminhos e trilhos, com ou sem luar e, por mais escuridão que estivesse, atinava sempre com os locais onde a pipa o esperava com o seu precioso líquido. Às vezes, o maior problema era no momento de entrada no estabelecimento. Mesmo sendo fraca a iluminação, produzida pela queima de petróleo, a intensidade luminosa junto dele era forte que, juntando com a energia que tinha nos olhos, acabava por dificultar-lhe a visão.

Depois de ter cumprimentado todos os presentes, como habitualmente, um a um, entre dúvidas e incertezas se devia ou não sentar-se. As cadeiras andavam em corrida, à volta das mesas. O homem lançou uma pergunta, não de bêbado, mas de curiosidade, para um dos presentes:

"Então já dividiram os bens que o falecido deixou?" — as palavras pareciam não quererem sair claras, mas todos compreenderam a sua intenção.

O visado, herdeiro indireto do morto, contraiu os músculos faciais e engoliu em seco. Entre a dúvida e o desrespeito, deu resposta:

"Não estou preocupado com isso! Não sou herdeiro e nada quero saber de bens ou dívidas."

Os presentes que esperavam, ansiosamente, o desenvolver do diálogo que prometia vir ficar aceso, dado o tom de resposta, esmoreceram em virtude do dono da adega ter pronunciado, no crucial momento, a frase igual a todas as noites:

"Meus senhores, são horas de encerrar. Amanhã cá nos encontraremos novamente."

Vagarosamente, sem pronúncia de qualquer inconveniente, algumas canecas acabaram de ser despejadas, goela abaixo e, ao fim de cinco minutos, na tasca, apenas se encontrava o seu proprietário. Os clientes estavam habituados, desde há muitos anos, que o horário de funcionamento era para ser cumprido. O Alcino não queria problemas com as autoridades policiais, nem queria dar motivos para que tivesse de suportar multas, por incumprimento, ou ter que alimentar oportunistas institucionalizados, o que ainda seria muito pior. Ele comentava que se tivesse de pagar alguma multa, por erro ou infração cometida, era seu dever, como cidadão, pagar e ficar livre. Por outro lado, como acontecia com outros seus concorrentes das redondezas, em vez de procederem igualmente como ele, preferiam bajular os autuantes para que o não fizessem e, depois, ficavam eternamente gratos, oferecendo-lhes as bebidas de graça e, para acompanhamento, uns petiscos, durante o resto da vida se não viesse a transitar para herdeiros futuros.

>>>>..<<<<

As crianças estranharam a presença do pai. Praticamente, apenas o conheciam através de algumas fotografias. Ele desembarcara no porto de Leixões em julho de mil novecentos e trinta e cinco. Até à sua terra, viajara de carro de aluguer para transporte de toda a sua bagagem. Tinha informado a mulher do dia em que previa chegar, se nada de anormal acontecesse.

O veículo entrou pelo portão principal, do lado oposto ao fontanário e lavadouro público, e ao fim de percorrer cento e cinquenta metros estava à porta do prédio, protegido por uma alta ramada e densas árvores de frutos.

A proprietária e mulher do marido ausente estava em casa, nos trabalhos domésticos com as filhas e o filho. Sabia que a qualquer momento o marido e pai chegaria.

Logo que ouviram um sinal sonoro de aviso, produzido por uma buzina de automóvel, ficaram em estado de alerta. Os cães de guarda da quinta reforçaram o alarme, anunciando que havia coisa estranha nos seus domínios. Um automóvel a fazer ruído era coisa rara naquelas redondezas, muito menos dentro de portas.

Correram todos em direção da eira a dez metros da esquina nascente do prédio.

O carro parara. O motorista saiu apressado do pesado Citroën e foi abrir a porta do lado oposto.

As residentes esperavam à distância para observarem quem sairia de dentro. Uns segundos após a abertura total da porta da frente direita do veículo, um homem, vestido de fato branco, sapatos castanhos e um grande chapéu sobre o azul escuro, condizia com a gravata e o lenço no bolso superior do casaco. Na lapela exibia um emblema em esmalte com a bandeira do Brasil.

Quem esperava, nos primeiros momentos, abismou-se. Aos domingos, quando iam à igreja, costumavam observar pessoas impecavelmente vestidas, mas a um dia de semana, com calor intenso, é que não era habitual, muito menos no meio da quinta. Quase sempre o pessoal usava roupa velha e tamancos ou algo parecido, nada mais. Excecionalmente, aos domingo e nas comemorações dos dias de S. Vicente e de Santo António, a roupa nova saía da caixa grande ou do guarda-fatos, consoantes as casas.

Ao verificar o espanto com que ficaram, o homem abriu os braços na direção dos seus familiares, de quem tinha estado ausente, dez anos, chamando-os.

Refeitos da surpresa e cumpridores da ordem, dirigiram-se a correr para quem tinham ali à frente.

Abraços e beijos até se cansarem. O motorista do veículo ficara a observar aquela alegria banhada em lágrimas. Era enternecedora, naquela tarde de julho, a reunião familiar, em que os mais novos, nem se lembravam como era o pai na realidade.

Após se acalmarem, o Justino disse ao condutor para que descarregasse as bagagens. O porta-malas vinha repleto. Dentro, os bancos do meio tinham sido rebatidos e todo o habitáculo, com exclusão dos lugares dianteiros, nenhum espaço se encontrava por ocupar.

Depois da descarga para o chão da eira, pagou ao motorista, e iniciaram a transferência das coisas para a sala grande. Nunca tinha havido uma correria tão grande, de pessoas a entrar e sair da porta exterior, com as mãos ocupadas, para transportarem os pertencentes. Faziam lembrar as carreias feitas pelas formigas, no monte, no transporte dos produtos do estabelecimento selvagem para a sua despensa.

Na casa do falecido, a casa grande, como era conhecida, os familiares encontravam-se em reunião. Até horas antes choraram por saudade, hipocrisia, safadeza ou apenas para cumprirem o ritual naquelas situações, pois os vivos, aqueles que ainda estavam mais atrasados para a última viagem, não comentavam a indiferença, que por ali se fazia sentir, escondida. Os princípios ditavam que os familiares de alguém falecido tinham de mostrar tristeza, pois, se o não fizessem, estariam satisfeitos com a partida.

Para começar, a empregada de serviço geral da habitação apresentou-se com uma bandeja em prata de novecentos e vinte e cinco milésimos, brilhantemente limpa, onde sobressaíam sete cálices de vinho do Porto. Após a aparição silenciosa da Maria Rosa, o dialogo foi suspenso automaticamente, sem ordem da maestra, agora chefe da família, cabeça de casal, por morte do marido. Não suspenderam a conversação para que ela se não inteirasse do conteúdo em discussão, porque todos os pormenores em aberto eram do conhecimento dela. Se alguém tinha alertado a viúva para a possível situação financeira, deixada pelo morto, fora a empregada.

Nas famílias onde existia pessoal a trabalhar diariamente, durante alguns anos, por muito que se protegessem, acabavam sempre por deixar escapar pormenores das suas vidas, muito mais aproveitadas se a outra parte for uma curiosa a ponto de esmiuçar.

Ainda o corpo do morto estava dentro de casa quando a Maria Rosa se abeirou da viúva, toda chorosa, lamentando a perda, para lhe perguntar em tom de afirmação:

"Minha senhora, é verdade que o seu marido, agora defunto, aqui ao lado, deixou muitas dívidas?"

Dois raios de luz brilhante saíram dos olhos molhados da viúva em direção da empregada. De tanta energia que deles partira deu a entender que tinham desaparecido, repentinamente, as lágrimas, e a empregada iria ser queimada viva ali mesmo e, por consequência, o prédio estaria incluído, de tanta energia luminosa despendida na sua direção.

Ao aperceber-se da reação repentina, a Maria Rosa deu um passo atrás. Fê-lo inconscientemente. Olhou para o chão, onde se encontrava um grande tapete de Arraiolos, imaculadamente limpo, como a querer certificar-se se se teria ou não movido do ponto inicial. Ela conhecia a sua patroa há vinte anos. Fora para ali trabalhar apenas com quinze e jamais saíra. Foi, talvez, a primeira vez que sentiu medo daquela com quem se encontrava todos os dias da semana, do mês e do ano. Nunca tivera um dia de descanso, muito menos férias. Tinha dois privilégios; um ir à primeira missa ao domingo, manhã cedo, e a outra à reza do terço ao domingo à tarde. No restante tempo, o trabalho de casa esperava-a e não se podia desleixar um minuto.

"Onde arranjaste semelhante aberração de conversa?" — a senhora da casa indagara com altivez.

"Desculpe, minha senhora, mas isto não é novidade para mim. Não sei se mais alguém tem conhecimento cá na terra. Nunca disse nada a ninguém, mas também nem tempo tenho para falar com outras pessoas fora de casa."

"Já agora diz-me onde foste buscar tanta burrice de uma só vez! O meu marido ainda está quente e tu aí a difamar a sua memória, tão cruelmente. Não és merecedora do carinho com que sempre te tratámos! É inconcebível tal atitude. Ou eu não estou no meu perfeito juízo, o que duvido, ou estarás tu irremediavelmente louca. Só pode ser!"

"Mais uma vez peço desculpa, mas a verdade é para se dizer, não é?"

"Claro que é. Assim te temos ensinado desde que para aqui vieste trabalhar, mas parece que nada aprendeste, pelo que me estás a dizer."

Patroa e empregada pareciam não estar a entender-se com o diálogo em curso. Uma queria contar pormenores sobre a vida do falecido, mas a outra, a viúva, dava a entender que não estava interessada em ouvir aquilo que não lhe era agradável nem recomendável. Normalmente, um morto é sempre elogiado mesmo que o não tenha merecido enquanto vivo, em resultado das atitudes reprováveis ou menos recomendadas de acordo com o estatuto social. Não se tolera observar um padre a atirar pedras à porta principal da igreja, mas se for um menor, filho de um vulgar trabalhador agrícola ou da construção civil, o caso já não será tão obstinadamente reprovado. Depois de um curto silêncio, a empregada, por questão desconhecida, voltou ao diálogo com a sua anfitriã, a patroa:

"Lamento aquilo que sei sobre o comportamento do seu marido durante alguns anos, mas a culpa não foi minha, juro! As pessoas falam alto e, mesmo sem pretender, acaba-se por ouvir aquilo que é confidencial. Quando acontece nem sempre será ruim. Diz o povo: atrás de um mal vem coisa boa."

A senhora da casa, que se encontrava em estado de desespero pela recente perda, retirou o lenço branco do bolso, a fim de enxugar os olhos, fazendo notar o contraste entre ele e o seu vestido preto. Seguidamente, ao executar o procedimento, voltou a introduzi-lo no bolso de onde o retirara um minuto antes. Olhou para a empregada, firmemente, como a querer mostrar-lhe que já não tinha os olhos embaciados, pelo que a estava a observar em pormenor, querendo mostrar-lhe quem tinha razão naquele momento.

Com aquele olhar insistente sobre si, a empregada Maria Rosa ruborizou. Teve maus pensamentos sobre a patroa. Pensou também que tinha ido longe de mais ao conhecer detalhes sobre a vida privada do seu patrão, agora morto, cadáver e silencioso com caráter definitivo. Por isso, quando se sentiu dentro da realidade, teve em calafrio, por todo o corpo, e de tal forma o expressou que a própria patroa se apercebera dele. Dado que a curiosidade em saber o que iria acontecer, quando divulgasse à viúva o conteúdo que tinha registado em mente, e se encontrava escrito em papel, tentava fazer despertar a consciência da outra, para o estrondoso efeito que, num breve momento, iria ter lugar no seio de toda a família. Possivelmente, em resultado da explosão coletiva de raiva e ódio, ela iria apanhar com os fragmentos estilhaçantes que lhe provocariam danos corporais e mentais, de forma indelével, para o resto da sua existência como ser humano vivo. Ao mesmo tempo, abatia-se sobre a sua mente uma nuvem carregada de dúvidas e incertezas. Analisava se não teria sido mais prático ignorar aquilo de que tomara conhecimento, armazenando tudo no seu centro de registo de ocorrências alheias, fazendo-se passar por ignorante diplomada. Já se encontrava confusa com ela própria, mas os primeiros passos tinham sido dados. Mesmo não tendo havido reação séria por parte da patroa, entendia-se que o momento era de dor e não de preocupação com coisas menores, atiradas por uma empregada de serviço doméstico. Por outro lado ainda, mesmo que nada mais adiantasse, logo que a senhora recuperasse do desenlace, tomaria a decisão de um esclarecimento sobre as frases que lhe foram dirigidas. Assim, sem mais questão de incerteza, pois se tinha lançado os foguetes, as canas iriam cair no chão, por força da gravidade, não do caso, mas da força da própria natureza. Ela estava a representar o papel da cana que, para agravar, ainda tinha a bomba por rebentar, o que iria acontecer mesmo que o não quisesse. Acabando por inspirar profundamente, como se já o não fizesse há muito tempo, voltou à conversa com a sua única companheira viva na sala:

"Dona Beatriz! Quero voltar ao assunto que iniciei. Peço-lhe que me ouça antes de chegarem os outros elementos da família. Tenho conhecimento de facto importante sobre a vida do seu marido, neste momento já defunto, mas que vai alterar profundamente as vossas vidas e a minha também. Se o não fizer, de qualquer maneira, dentro de pouco tempo, outros vos irão informar."

"Mas o que sabes tu que nós desconhecemos?"

"Sei muitas coisas e foi por acaso que tive conhecimento dos pormenores. Nunca, na minha vida, andei a coscuvilhar a vida alheia, mas recentemente, sem querer, tomei conhecimento daquilo que nem queria acreditar e vocês também não vão querer."

"Agora, estou mais preocupada com o que estás para aí a insinuar que com o defunto, meu marido!"

"Pode crer que ainda vai ficar muito mais preocupada quando conhecer tudo o que vai envolver esta família, nem é bom pensar!"

Com aquelas afirmações sem nada esclarecerem, a dona da casa ficou em estado de alerta. As lágrimas desapareceram, as faces ficaram ao rubro e o olhar tornou-se interrogador e intimidativo, simultaneamente. Após um pensamento curto, falou para a Maria Rosa:

"Vamo-nos sentar ali no sofá grande!" — falara em tom de ordem.

A empregada sufocou por momentos. Sentar-se no sofá grande era coisa que nunca tinha acontecido com ela, mesmo que ninguém estivesse por perto. Aquele sofá, o maior de cinco, fora exclusivamente ocupado pelo casal. Se ocupado por algum familiar, logo que um dos dois do casal entrasse a vaga do lugar acontecia.

Os móveis e objetos de adorno eram antigos. Os mais recentes tinham sido recebidos como prenda de casamento dos atuais proprietários. Outros já herdados dos pais e ainda alguns dos antecessores mais remotos, tendo já transitado por duas ou três habitações. O centro da sala estava ocupado por uma enorme mesa de tampo envernizado. Três centros florais em cima de três peças de linho trabalhado, por habilidosas mãos, faziam contrastar com o negrume da madeira.

Naquele compasso de espera e dúvida se deveria cumprir a ordem da patroa sentando-se, a sineta do portão principal de entrada da propriedade dera sinal sonoro de que alguém pretendia entrar.

"Vou abrir! — disse a Maria Rosa, apressadamente, como se quisesse sair dali e livrar-se de continuar com o diálogo.

>>>>..<<<<

Fora uma azáfama. As raparigas e o irmão fartaram-se de transportar, alegremente, malas e sacos em tecido, cheios de objetos. O pai dizia-lhes, com carinho, e um sotaque a que não estavam habituados, embora já não fosse totalmente estranho:

"Tenham cuidado com estes! Contêm louças muitos frágeis. Foram fabricadas na China. Comprei numa loja em S. Paulo, pertencente a emigrantes chineses. Isso é o melhor que há!"

Enquanto os quatro se entretinham a abrir e a expor o conteúdo à vista, de vez em quando ouvia-se, na cozinha, uma grande algazarra vinda da sala. Para quem não estivesse ao facto do que estava a acontecer não compreenderia como em poucos minutos, quatro pessoas de uma família separadas tanto tempo, se estavam a integrar tão abertamente.

Na cozinha, a empregada para os trabalhos domésticos da casa perguntou se o patrão iria gostar da comida.

"Ele esteve tanto tempo fora de casa que já nem saberá como é a nossa comida."

"Se não souber, vai ter que se habituar, porque aqui ninguém está doente, e para quem estiver é que se fará alimentação diferente" — respondeu a dona da casa.

Às dezoito horas, acenderam os candeeiros de iluminação alimentados a petróleo e a grande divisória da cozinha tornou-se clara. Pereceu até que ficara maior. Seguidamente, foram todos sentar-se à volta da mesa grande, onde, por ser ocasião especial, tinha sido estendida uma toalha feita em linho branco, imaculadamente branco. O brilho nos olhos de todos, sentados à mesa, incluindo a empregada, via-se à distância. Uma grande alegria reinava em todos os ocupantes. Nem em dia de festa aquela casa estivera tão animada. Nem nas comunhões solenes dos três mais novos acontecera. O dono da casa estivera ausente, portanto, as alegrias eram escassas e os trabalhos, dentro e principalmente fora de casa, não tinham fim por mais que se esforçassem.

Tinham preparado um arroz de forno em louça de barro vidrado, com um galo que mataram. Apesar de produzirem algumas pipas de vinho por ano, ninguém bebia a não ser água do poço.

Enquanto a empregada ficou a lavar a louça e arrumar toda a cozinha, depois de terminarem o repasto, foram para a sala, onde acenderam as lanternas que ladeavam a divisória e, repentinamente, como acontecera na cozinha e local de refeições, tudo ficou visível. Eram vinte e uma horas. O grande relógio, ao fundo da sala, com dois móveis a protegê-lo, encarregara-se de martelar o pequeno sino, cujo som ecoava por todo o edifício. Ele estava ali para cumprir as ordens que lhe davam, todas as semanas, fazendo subir o peso que lhe iria fornecer a força para movimentar os ponteiros e o badalar das horas e meias horas.

Iniciaram o desembalar de tudo o que estava protegido. Dois serviços de jantar completos em louça chinesa. Quando eram vinte e duas horas, anunciara o relógio, a senhora disse:

"Vamos todos para cima! São horas de deitar. Amanhã, o trabalho espera-nos. Também estamos cansados pela noite especial que tivemos. Nas outras noites, às vinte e uma horas já estamos deitados. Temos que nos levantar ao nascer do sol ou ainda antes. Haverá muito que pôr em ordem, mas ficará para domingo de tarde. O trabalho nos campos não pode esperar."

>>>>..<<<<

Na adega, na noite seguinte, como de costume, os clientes das canecas de porcelana, cheias de vinho tinto, começaram a entrar mais cedo do que anteriormente. A conversa, sobre a situação económica e financeira da família enlutada, deveria continuar. O assunto merecia atenção ou, pelo menos, satisfação da curiosidade aos outros seres humanos, alheios ao morto. É que para se conhecerem pormenores sobre a vida não há domingos nem feriados para servirem como desculpa.

A cada novo cliente que dava entrada, aqueles que ali se encontravam, iam formulando a pergunta para tentarem concluir das novidades do dia naquela aldeia. Durante o dia, espalhados pelos campos agrícolas, montes ou pedreiras, os clientes não tiveram possibilidade de se inteirarem da evolução da anunciada complicação deixada pelo defunto, agora a contas com a justiça divina. Da dos homens já se tinha livrado sem qualquer esforço ou pagamento de custas. Portanto, ali, no centro de comunicações de conhecimento ou imaginação, todos tentavam obter mais pormenores, além dos que já possuíam ou julgavam possuir. Eram cerca de vinte e duas horas e trinta minutos, o tardio cliente habitual, com depósito de combustível atestado, chegou. Encontrava-se em tentativa de equilíbrio físico à entrada da porta. Depois, queria sentar-se, mas, mais uma vez, as cadeiras não lhe faziam a vontade, rodopiando à volta das mesas. Um dos presentes, junto do balcão, apercebeu-se da situação aflitiva do homem, foi segurar numa delas, aconselhando-o a aproveitar para se sentar. Agradeceu e logo as perguntas apareceram de chofre:

"Já nos podes relatar mais pormenores sobre aquilo que ontem falámos aqui, sobre o morto?"

"Bem, eu não sei mais nada, mas aquilo que ouvi contar... ó Alcino, deita aí uma caneca. Estou com sede!"

Não foi necessário o tasqueiro correr para encher a caneca, um dos presentes, ansioso por novidades, entregou-lhe a sua que ainda estava cheia. Depois de um primeiro gole, pousou vagarosamente o recipiente em cima da mesa, talvez com receio de entornar o líquido, limpou os lábios à manga da camisa, já manchada, e dando uma visada geral à roda dos companheiros à sua volta, iniciou a conversa:

"Estais à espera de novidades? Pouco sei a respeito da vida que o morto levou pela cidade onde tinha negócios, mas o que ouvi contar é suficiente para vir alterar tudo entre a família que deixou; os herdeiros vivos."

Acabando a conversa, os ouvintes deram um passo na direção dele, pois esperavam que continuasse com as explicações e não queriam perder nada. A curiosidade era superior ao bom senso, mas isso não os diminuía nem incomodava. Queriam ir para casa, naquela noite, e poderem acordar as mulheres a fim de as inteirarem dos pormenores. Contudo, a narração ficou suspensa enquanto o homem levava a caneca à boca, para mais um gole a somar a tantos outros, desde o entardecer. Os presentes acompanharam o movimento do contentor do vinho tinto com o olhar sem que mexessem as suas cabeças. Reinava completamente um silêncio, como se já estivessem todos ausentes. A ânsia estava a consumir-lhes a mente. A continuarem assim, naquela expectativa, a máquina de registo de emoções iria fundir-se e, dentro de momentos, não se reconheceriam uns aos outros, nem o que estavam a fazer ali todos juntos. O tasqueiro não era exceção. Saíra de detrás do balcão e juntou-se ao grupo, apenas com a diferença, não transportava com ele caneca de porcelana.

O homem pousou a caneca, já mais vazia do que cheia, voltando depois à fala:

"Pois, como estava a dizer, o morto deixou a família numa grande encrenca... tudo começou há mais de dez anos. É como digo!"

A roda apertou-se ainda mais. Todos os elementos estavam preocupados, pois queriam tomar conhecimento dos pormenores e esses nunca mais eram divulgados. O homem apenas lançara a angústia na mente dos assistentes. Dava a entender que fazia isso apenas para se divertir com eles. O que era mais provável era o seu estado de desequilíbrio por causa da quantidade de vinho consumido nas últimas horas, como, aliás, fazia durante todas as tardes de todos os dias da semana. A exceção era o domingo em que iniciava mais cedo, pois não era dia de trabalho. Após um curto interregno, que aos interessados foi longo, retornou à informação:

"O homem, falecido há três dias, fez coisas do arco-da-velha!" — apontou com o indicador direito, como se o estivesse a recriminar.

A continuar assim, com frases inconclusivas, sobre os feitos desconhecidos e que tinham sido praticados pelo defunto, enquanto vivo, corria o risco de vir a ser esmagado pelo aperto do cerco que os clientes da adega estavam a levar a efeito, involuntariamente, sempre que retomava a conversa e da qual, de concreto, nada divulgava.

O taberneiro, Alcino, estava a ficar mais impaciente que todos os outros. Não era propriamente por causa de tomar conhecimento sobre o que o morto tinha deixado para outros resolverem. Sendo que o homem nada explicava, afirmando que sabia, o pessoal na adega, em vez de estar a conversar normalmente em pequenos grupos e a beber, nada mais fazia do que esperar, de garganta seca, pelas informações de esclarecimento. Assim, ao ver o seu negócio prejudicado, pelo comportamento coletivo, resolveu tomar uma atitude, a fim de dar movimento ao travessão da torneira de madeira da pipa em uso, dizendo:

"Meus Senhores! Enquanto aqui o nosso amigo Ferreira não se pronuncia, poderíamos molhar a palavra, que dizem?"

Um dos presentes, seguindo o pensamento de todos, afirmou:

"Foi boa ideia! Estamos aqui preocupados com o que o morto andou a fazer e sem pensarmos acabaremos por morrer à sede. Alcino, para mim enche a caneca e traz uma bucha!"

Após aquela afirmação, os outros seguiram-lhe o exemplo e o Alcino não tinha mãos a medir. Era uma constante corrida entre a pipa, o armário dos petiscos e o balcão com tampo grosso em madeira, onde depositava prato e caneca, para satisfação dos seus clientes.

"Temos obra!" — exclamou um cliente acabado de entrar na adega — "Que se passa aqui que estão todos ocupados, a comer e a beber, ao mesmo tempo, alguém morreu hoje?"

Uma gargalhada geral fez-se ouvir até ao exterior. Seguidamente, voltou à conversa interrogativa:

"Afinal, já sabem mais alguma coisa sobre o que o morto andou a fazer lá pela cidade? Estive todo o dia na serração do Manuel e não se soube nada por lá. Não admira, fica na outra freguesia e no lado oposto a este."

"Por acaso estamos à espera que, aqui o que tem novidades, comece a mandar para fora o que sabe e não deve ser pouco, mas primeiro estamos a molhar a garganta."

"Nesse caso também vou molhar a minha. Ó Alcino, uma das grandes com acompanhamento, se fazes o favor!"

A ordem fora cumprida e de dois tragos a caneca ficou de fundo para o teto, enquanto o petisco arrefecia no prato. Logo que pousou o contentor vazio no balcão, perguntou:

"Então, já se vai saber mais alguma coisa ou não? Temos que ser informados. Não se pode ir para a cama com tantas novidades escondidas. É preciso saber para que não se ande enganado e a pensar em coisas ruins, que naturalmente não têm sentido. Vamos a isso?"

Acabada a pergunta, o grupo que se tinha formado em volta do que teria todas as notícias para fornecer, tomou formação conforme estava minutos antes.

"Bem, para que vocês possam dormir descansados e eu, aqui vão elas!"

O grupo reunido em circunferência, sendo o centro o homem mais conhecido pelo bêbado do lugar, apertou o cerco. Depois, o informador iniciou o relato daquilo que julgava saber, como novidade verdadeira, sobre o falecido.

"Ouvi uma conversa em casa do morto. Quando ele bateu a bota eu estava na adega, junto ao lagar, que fica no rés do chão da casa, a alisar o chão de terra para ser coberto com argamassa. Ouvi gritos da agora viúva e da empregada e apercebi-me do que acontecera. Ele já me tinha dito dois dias antes que a vida para ele estava a ficar curta. Tinha um problema numa válvula do coração. Assim, de um momento para o outro, iria prestar contas com S. Pedro. Respondi-lhe que se deixasse de brincadeira, pois ainda era muito novo para ir desta para melhor. Portanto, quando ouvi o chinfrim nem tive coragem de ir lá perguntar se precisavam de ajuda. Isto de mortos não é comigo! Como sabem, raramente vou a funerais, e quando tenho de ir, primeiro bebo umas canecas por causa do enjoo."

"Até aí nós sabemos! Queremos é mais para a frente. O que aconteceu antes dele esticar o pernil. Aí é que estarão as novidades. Se o homem de facto andou por maus caminhos, lá pela cidade, enganando toda a gente, terás muito que contar e nós estamos aqui totalmente prontos para ouvir."

"Então, vou continuar se não me interromperem. Como estava a dizer, quando me encontrava junto ao lagar, passada uma hora da confusão de gritos das duas mulheres em casa, depois que serenaram, a Maria Rosa chamou a patroa, pois afirmou que tinha uma grande novidade para lhe contar. Como ela fala muito alto, vocês sabem, eu, sem querer, ouvi todas as conversas que ela teve, por isso ela disse: "Senhora dona Margarida, não chore tanto pelo seu marido porque ele não merece tal coisa! Eu sei de coisas que a senhora desconhece. Quando lhe contar, já sei que não irá acreditar, mas até existem provas escritas para confirmar o que lhe quero dizer. Acho que é minha obrigação pô-la ao corrente daquilo que aconteceu, mas a senhora iria acabar por ter conhecimento e não iria levar muito tempo."

"Mas que grande história! Por acaso não será apenas imaginação tua, pela ação aqui do produto do Alcino e daquele que te venderam antes os teus fornecedores habituais?" — argumentou um dos curiosos — "Ó Alcino, enches mais uma caneca?"

O tasqueiro que também estava interessado no desenvolver da novela, da vida real, que se apresentava em execução, pela boca de um bêbado, pouco credível, vendo que o negócio era mais interessante, deslocou-se rapidamente em direção à pipa. Depois, mais três quiseram, também, repetir a dose. Não queriam ficar sem fôlego durante o tempo que demorariam as explicações que, a julgar pelo início descritivo, prometiam mostrar quantos grandes danos morais e materiais que alguém iria suportar sem contar com tal acontecimento.

"Podes continuar! Estamos prontos a ouvir tudo."

"Vou continuar se não me interromperem novamente. Após as primeiras palavras a dona da casa, a viúva, respondeu à empregada, com duas pedras na mão, perguntando-lhe se ela tinha enlouquecido: "Agora que ele está morto é que me vens dizer que se portou mal na cidade? Porque motivo não o fizeste enquanto foi vivo? Escondeste coisas graves e só agora me vens dizer, neste momento tão doloroso, em que estamos a contas com toda esta confusão e nem deu tempo de chamar o padre para o confessar e administrar a extrema-unção. Morto há tão pouco tempo ainda é capaz de nos estar a ouvir, principalmente a ti, que contas tamanha coisa horrorosa."

"Sei que sim, mas apenas soube do assunto há dois dias, quando o senhor doutor estava a falar ao telefone, no escritório, com a porta aberta. Deve ter julgado que eu estava lá fora no tanque da lavandaria onde ele me tinha visto pouco tempo antes. De repente, lembrei-me que não tinha desligado o ferro e entrei pela porta do rés do chão que deixei aberta, com a intenção de voltar a sair. Portanto, não fiz qualquer ruído, nem ao subir as escadas que estão forradas com alcatifa. Talvez por essa razão ele falava despreocupadamente e muito alto, parecia uma discussão a sério. Estava muito zangado com quem estava a manter diálogo. Parei para perceber se tinha acontecido alguma coisa grave a alguém da família, com intenção de eu poder ajudar, mas não foi nada do que suspeitara. O senhor doutor estava a dizer, para quem falava com ele, que estava desgraçado. Não bastava a doença que tinha, quanto mais ter perdido todos os seus bens e o crédito; nos fornecedores e nos bancos. Se não morresse brevemente, como iria enfrentar a família, os amigos e as pessoas vizinhas. Disse também que todos aqueles que se dedicaram a ele e o acompanharam na vida, tendo acreditado na pessoa digna que era, iriam remetê-lo ao inferno logo que a situação financeira, em que se encontrava, viesse ao conhecimento público. A princípio, ninguém iria acreditar, mas assim que entrassem na realidade, então, o ódio iria sobrepor-se e ele, se ainda vivo, ia ser frito em azeite e atirado aos seus cães de caça e aos de guarda."

"É melhor fazermos um intervalo! Já tenho a garganta a doer de tanto engolir em seco com semelhante informação." — disse um dos ouvintes — "Ó Alcino, põe-te a trabalhar. Faz chiar a torneira!"

"É para todos?" — indagou o tasqueiro sorrindo ao verificar que vida estava a correr melhor para ele.

"Sim, é!" — responderam em uníssono.

"É para já!"

O som do sim ainda não tinha acabado de ecoar dentro da adega e já a primeira caneca recebia, do alto, o líquido escuro, cujas pingas saltavam para o prato que se encontrava por debaixo do recipiente. Ao fim de cinco minutos de intenso trabalho, os primeiros a receberam o líquido já se encontravam em posição com os ouvidos sintonizados na onda do bêbado falador. Afinal, nem tinha dificuldade em estar para ali a enterrar a vida de uma pessoa cujo corpo repousava no cemitério local, havia decorrido pouco tempo, pois, muito poucos davam crédito às suas histórias de tão bizarras que eram.

"Agora, podes continuar a passar a informação. Daqui a pouco temos de ir embora para junto das nossas famílias e não queremos passara a noite sem dormir, só a pensar naquilo que aconteceu" — afirmou um dos presentes, enquanto retorcia as pontas do longo bigode com as duas mãos.

"Como já vos disse, eu estava na casa onde está o lagar. Como a conversa entre as duas me despertou a curiosidade, fiquei quieto a ouvir já que, principalmente, a empregada falava suficientemente alto para ser ouvida através do soalho de madeira. Por sua vez, a patroa, ao ouvir o princípio das notícias, não acreditando, seguiu o exemplo da Maria Rosa, falando também alto e a bom som. Apenas o morto estava em silencioso. Nem ligava àquilo que discutiam por sua causa. Depois, a dona da casa disse que queria tomar conhecimento em primeiro lugar, antes que chegassem os restantes membros da família que já tinha mandado chamar. Toda a confraria e o cangalheiro estariam presentes em breve tempo. Segundo o que a Maria Rosa deduziu, quem estaria ao telefone era o gerente de um banco, porque falava em cheques, livranças e depósitos à ordem. Possivelmente, o interlocutor disse que iria avisar a mulher do senhor doutor, porque ela ouviu pronunciar: "a minha mulher não. Ainda não falei com ela. Se eu morrer de repente ela vai encontrar um livro que tenho no forro da pasta onde registei todos os acontecimentos importantes dos últimos dez anos. A narração está em pormenor. Espero morrer brevemente, antes de começarem a chegar os oficiais de diligências com as citações judiciais. Consegui informação que veem brevemente para aqui."

Fez uma pausa. Sendo interpelado rapidamente por um dos companheiros ouvintes:

"Podes continuar que ainda estamos à espera!"

"Continuar não posso, nada mais sei. Quem saberá serão apenas os elementos da família, pois a senhora foi com a empregada ao escritório para abrirem a pasta e lerem o registo dos acontecimentos. Também não podia ir para a beira delas, que acham?"

"Coisa grave está em jogo. Possivelmente, o homem tinha outra mulher na cidade e ninguém teve conhecimento disso, será verdade?"

Depois, entraram todos em conversa em que uns faziam perguntas e interrogações avançadas, a que outros respondiam sem nada saberem de concreto. A agitação do grupo prometia que durante o dia seguinte iriam estar preocupados, nos seus locais de trabalho, com o assunto e, na noite seguinte, todos chegariam mais cedo à adega para se inteirarem de mais pormenores. Era sempre assim desde que houvesse novidade pela zona. Depois, o taberneiro disse que estava na hora de encerrar as portas; ele era cumpridor dos horários.

Dez minutos mais tarde quase todo o grupo ficara no largo, em frente ao prédio, iluminado pela luz que a lua refletia, a concluir os comentários, e prometiam chegar a casa, aqueles que conseguissem, prometendo pôr a pé todo o pessoal da família para os informar de tamanha confusão. O pior era o de nada conhecerem que os satisfizesse plenamente.

»»..««

Para a tarde de domingo, combinaram não irem à igreja à reza do terço. Naquele dia ficariam pela deslocação somente da parte da manhã para irem à missa das sete horas.

Após chegarem a casa, mudaram de roupa e, enquanto a empregada preparava o almoço para todos, foram para a sala tratar de organizar as coisas que vieram do Brasil.

Cerca das quinze horas já tinham tudo organizado. As raparigas estavam excecionalmente alegres. O pai tinha-lhes trazido roupas novas, dentro da moda, que elas desconheciam. Trouxe também duas bonecas, em porcelana, ricamente vestidas. Para o filho estava reservado um fato em tecido inglês, de cor azul, muito leve, onde sobressaíam umas discretas listas brancas. O pai disse-lhe: "Vai experimentar. Pelas medidas que a tua mãe indicou, não deve estar mal. Caso contrário, vais a casa do senhor Estêvão que ele põe isso à medida."

Passados uns quinze minutos, o rapaz apresentou-se vestido requintadamente; chapéu, fato completo, sapatos novos que a mãe lhe tinha comprado em Penafiel, um mês antes, sem que ele se tivesse apercebido.

"Pareces um doutor!" — disse a irmã mais nova.

A indumentária assentava-lhe bem, como se tivesse feito

diversas provas para acerto final.

Repentinamente, os cães de guarda, que de dia estavam detidos em duas jaulas, sendo libertados à noite, começaram a ladrar, com violência, anunciando que havia algo estranho pelas redondezas.

A dona da casa veio ao terreiro assegurando-se do que se passava. Os irmãos e demais família, do regressado do Brasil, estavam à vista e na dúvida se deveriam ou não avançar mais.

"Entrai! Os cães estão todos presos!"

"Soubemos que o Justino estava cá e não podíamos deixar de o vir visitar e a todos os outros da casa."

"Vão entrando para a cozinha. Já sabeis o caminho. Lá iremos ter rapidamente!" — informou a senhora.

Durante toda a tarde eram uns que chegavam outros que partiam. Familiares próximos ou afastados, amigos e vizinhos vieram fazer uma visita de cortesia. Alguns deles já lhes tinham falado no adro da igreja, da parte da manhã, quando foram à missa. Todos queria saber novidades sobre tão longínqua terra que fazia milionários em pouco tempo. Um ou outro perguntava se tinha encontrado conterrâneos que também estavam emigrados no Brasil. Era certo que, quase todos, não faziam a mínima ideia da dimensão da cidade de S. Paulo, muito menos saberiam da do país inteiro.

"Estou muito admirado contigo! Se daqui não saísses, nunca passarias da "cepa torta". Isto continua a ser a mesma miséria, com os mesmos miseráveis que daqui nunca saíram. Eu, por exemplo, nunca passei além de Penafiel. Muitos têm ido até Fátima, mas eu não. É muito longe, pelo que me contaram. Lá não irei. É melhor ficar sossegado aqui por este canto, não vã o diabo tecê-las" — comentava um agricultor do extremo norte da freguesia.

"Fizeram um bom negócio ao comprarem a quinta. Se não tivesses ido abanar a "árvore das patacas", nunca terias dinheiro para comprar coisa alguma. Aquilo é que é uma terra, em poucos anos fica-se rico."

"Nem penses que é fácil, mas sempre é mais vantajoso que nesta terra e em muitas outras" — respondeu para um dos irmãos que tinha feito a afirmação.

Às vinte horas, contra o costume, todos os elementos da casa foram comer uma refeição ligeira. Tinham de deitar-se cedo para que pudessem igualmente levantar-se cedo. O sol não daria tréguas no dia seguinte, como em todos os outros dias, mas o sol não era culpado disso, mas sim quem o programou.

»»..««

Os homens tinham acordado as mulheres, que já estavam deitadas há muito tempo, pois nunca ficavam à espera que eles chegassem. Eles eram como os comboios dos caminhos de ferro portugueses, tinham hora de partida, mas às vezes ficavam pelo caminho, não chegavam.

Algumas mulheres ainda iam esperar os maridos ao caminho, munidas de lanternas ou lampiões, para os trazerem para suas casas. Se assim não procedessem, o mais certo era a de passarem o resto da noite no meio de algum campo cultivado com centeio ou milho. Depois, quando algum deles estava mais atestado dispensava a presença dos objetos de onde irradiava luz, uma vez que energia tinham eles, em quantidade, para provocar um encandeamento. Por vezes, um dos maiores consumidores, perdia-se em qualquer lugar fora do caminho público, deitando-se ou caindo em local menos próprio. Era sempre encontrado pelos seus familiares quando o iam procurar, por volta da uma hora da madrugada, se ainda não tivesse chegado a casa. Não sabiam o local certo onde estava a pernoitar, mas localizavam-no, seguindo o caminho de casa até à adega. Durante o percurso só tinham que estar atentos aos sons vocais que ele emitia constantemente, quer cantando, praguejando ou mal dizendo, em alta voz, a situação em que se encontrava, prometendo não voltar a beber mais. Era certo que até à próxima vez ele não bebia. Passadas algumas horas de sono, por cansaço, lá voltava a esquecer as promessas. Nem se lembrava delas quando algum o chamava à atenção fazendo-lhe recordar o que tinha proferido quando estiveram à sua procura.

As mulheres estavam sempre prontas a ouvir novidades sobre a vida alheia, mas a maioria delas dispensava que fosse a altas horas da noite. Tinham que se levantar com as galinhas, porque também se tinham deitado logo depois de as encerrarem na divisória que as protegia de mãos alheias ou dos dentes das raposas. Os rendimentos eram poucos e ninguém se poderia dar ao luxo de alimentar parasitas.

Na noite seguinte, pelas vinte horas, os clientes habituais do local onde se jogava às cartas e se bebiam umas canecas, estavam já preparados, mais uma vez, para a atualização dos conhecimentos recebidos na noite anterior. Faltava, para começo da assembleia, o bêbado que era quem mais novidades sabia sobre o falecido doutor, que tinha partido para o cemitério, transportado em carreta, ao contrário dos mortos de origem mais pobre, cuja urna era transportada pela força braçal daqueles que se ofereciam a isso. Outros eram transportados em carros de bois que, com tantos solavancos pelos caminhos irregulares, faziam com que o morto chegasse mais estafado que os animais. Se a distância de casa até à igreja, para a última limpeza da alma, que já se tinha posto a milhas, os transportadores eram substituídos por novos voluntários e o ocupante lá recebia mais uns solavancos para se distrair. Até na morte existe tratamento diferente, para aqueles que atingem esse estado, executado pelos vivos, que o fazem na esperança de que lhes retribuam do mesmo modo quando a sua vez chegar. É que os mortos têm de ser bem tratados. Quando chegar a vez dos vivos, os primeiros podem ter informado o distribuidor de lugares, para os mandar para os locais menos próprios, porque não os transportaram ao depósitos geral com as devidas cautelas.

Para se atingir o derradeiro patamar da existência, deixando de existir, como elemento vivo, isto é, morrendo, é preciso ter sorte, independentemente do valor financeiro que possuiu. Uns partem em segundos com o mínimo sofrimento, enquanto outros é necessário matá-los, pois entram em longo sofrimento e a sua partida parece inatingível. É semelhante à prática do aborto voluntário e pago pelo povo, independente-mente de saberem ou não fazer crianças. Uns decidiram por outros que nem se conheciam nem conhecem, e a partida de um ser vivo, como morto, foi rápida e silenciosa. Na eutanásia é precisamente o contrário, nem com muito sofrimento e por vontade do próprio que quer partir, para o derradeiro patamar da vida, a morte, são capazes de lhe dar solução. Assim, continua-se a ter necessidade de sorte para se morrer, isto, devido em parte pela infâmia e ignorância sacralizada, embuste, negociata e outros predicados que não convém que sejam expressos. De bestas está o globo a abarrotar, apenas que não existem diplomas para fazerem a certificação daqueles que são seres superiores, escolhidos pelos humildes pensantes, que os bajulam acima de tudo.

O pessoal estava impaciente. O homem tardava em chegar. Revezavam-se em ir espreitar à porta, para o largo, na esperança de o verem aproximar. Após umas vinte vezes de espionagem, para os caminhos que convergiam para o largo, vozes de homens começaram-se a ouvir:

"Silêncio!" — gritou um que estava de sentinela à porta da adega — "Ouço vozes. Veem para aqui!"

Com a informação, o silêncio tornara-se sepulcral. Também não admirava, queriam falar sobre os feitos ou defeitos da vida de um morto. Passados quatro longos segundos, dois antes vultos entraram na adega.

"Boa noite a todos!" — era o bêbado e um familiar do morto, que também não se tinha desleixado no ingerir de umas tantas canecas nas tascas que antes visitaram.

"Boa noite para vocês os dois! Estamos aqui à vossa espera. Queremos conversar como de costume" — respondera um dos presentes.

"Aqui o meu amigo," — disse o bêbado — "tem novidades para vos contar. São fresquinhas como o vinho da pipa do Alcino. Por falar em vinho, venham de lá duas canecas! Estamos com sede."

Ao pronunciar as palavras, notava-se uma grande desarticulação. A língua, não correspondia aos movimentos necessários à sua função, estava já encortiçada de tanto álcool lhe ter passado. Os clientes iniciaram a formação de uma roda à volta dos dois que se sentaram junto de uma mesa que ocupava o centro da loja. Estavam em pulgas para que se iniciasse a conferência. O tempo urgia e não desejavam serem postos na rua sem primeiro obterem mais novidades. Agora, por dois, o caso seria mais interessante. O entusiasmo estava patente na expressão facial de cada um dos presentes. O brilho cintilante nos olhos, provocado pela reflexão da luz dos candeeiros alimentados a petróleo, que se encontravam dependurados ao longo da trave mestra que sustentava o soalho e todas as paredes das divisórias da habitação, do primeiro andar, era a manifestação de ansiedade. Mas o brilho não se deveria apenas ao facto que se encontrava em atualidade. A energia libertada pelo vinho, que alguns tinham ingerido, desmesuradamente, ao longo da tarde, os olhos acusavam o efeito brilhando, como se fossem estrelas em noite sem nuvens e sem luar.

Quando se ia dar início aos esclarecimentos, entrou mais um cliente para a adega. Depois de um cumprimento coletivo e uma resposta em coro, o visitante, estranhando a formação em grupo circunferencial, em tom tão expetativo, indagou de olhos arregalados:

"Devem estar a tratar de boa coisa. Tenho estado ausente e pelo que vejo há grandes novidades. Não me vão dizer que o senhor abade se casou, pois vinte minutos atrás o vi só, a ler o breviário, no adro, debaixo da grande oliveira sagrada, e não tinha aliança no dedo anelar da mão esquerda. Então, porque estão todos com cara de caso?"

O bêbado respondeu ao interrogatório como se fosse o presidente da mesa da assembleia geral de usuários do espaço de consumo vinícola.

"Estamos aqui para explicar o que aconteceu com o falecido doutor. Ninguém pensava em semelhantes coisas. Nem o diabo se lembraria de que o homem fora capaz de concretizar durante tantos anos!"

"Mas o doutor que morreu há dois dias não era quem nós conhecíamos, como pessoa honesta e bem estabelecida na vida?" — interrogara o visitante da adega que tinha chegado em último lugar.

"Esse mesmo! Fez tudo sem que alguém da família se apercebesse, muito menos os de fora. Talvez lá pela cidade soubessem de alguma coisa que o poderia comprometer, mas pela terra não."

Com todas estas respostas de esclarecimento, o tempo passou velozmente, apresentando-se a chegada da hora de encerrar e todos continuavam sem nada saberem de concreto. O pessoal estava a dar mostras de impaciência. Estavam tão interessados nas novidades que alguns se tinham esquecido de gastar o resto do conteúdo das vasilhas de porcelana branca. Quando havia acesas discussões nas adegas o taberneiro era quem perdia, pois aqueles que eram os agentes ativos e os apreciadores até se esqueciam de olhar pela vida do taberneiro, remetendo-se a um breve período de jejum noturno.

"Vou continuar a informação, mas aqui o familiar do morto, que tem estado tão calado, é quem pode esclarecer melhor o caso. Eu, pouco mais sei do que aquilo que já vos contei."

"Eu posso ajudar! — disse o visado — "Como sabem, sou sobrinho do doutor que faleceu há poucos dias. O meu pai já me pôs ao corrente de tudo o que aconteceu e do que provavelmente irá acontecer no futuro, para pior."

Ao afirmar aquilo, o pessoal apertou mais o cerco, como se quisessem ficar mais próximos do interlocutor para apanharem as notícias mais frescas e em boas condições. Não queriam deixar escapar alguma palavra que fosse pronunciada em tom mais baixo. A seguir deu continuidade ao assunto:

"O meu pai e os meus tios, à morte do doutor, iam ser herdeiros de uma grande fortuna, em conjunto com a viúva, mas isso foi chão que deu uvas. Agora, nem bagaço há. A empregada da casa do falecido e da viúva foi quem alertou para o problema. Ela ouviu uma conversa que ele teve ao telefone e, como disse, foi sem querer. Logo que ele morreu avisou a minha tia. Ao princípio julgou que a empregada tinha tido um ataque de loucura total, mas depois da insistência dela e das provas que disse onde estavam, a verdade foi cruel. Melhor seria que tivesse ficado tudo em segredo se é que possa haver segredo numa situação destas. Julgo que o próprio diabo se arrepiou ao tomar conhecimento de tal assunto e o julgador final cerrou o intercílio, soltando labaredas por toda a imensidão celestial, através da sua poderosa e imensurável máquina de destruição de planetas."

O grupo acercou-se ainda mais da mesa onde se encontrava o informador das desventuras do seu falecido familiar. Naquele momento, o brilho nos olhos dos presentes aumentava de intensidade luminosa, dando a entender que pela energia libertada bem poderiam apagar a chama das lanternas presas por cima das suas cabeças. A curiosidade estava a consumi-los. Estavam no local há três noites seguidas e nada sabiam de certo a não ser que o morto, enquanto vivo, tinha sido uma pessoa diferente daquilo que todos conheciam. Era estimado e respeitado, sendo considerado uma pessoa bem conceituada no lugar e em toda a freguesia. Era certo que se deslocava todas as segundas-feiras, para a cidade, regressando na sexta ao fim do dia. Assim, apenas estava em contacto com os habitantes locais aos sábados e domingos. Frequentava a missa dominical das dez horas, acompanhado pela mulher e pelos filhos já adultos.

A notícia já tinha sido passada de boca a ouvido, por todos os habitantes locais, tendo ultrapassado as fronteiras da freguesia. Todos acrescentavam um pouco mais ao facto triste do modo de vida que afirmavam que o morto tivera, e já lhe eram atribuídas atitudes que nem se podiam imaginar, quanto mais que fossem verdadeiras. Quando se descobre algo de incómodo, à luz da normalidade do funcionamento da sociedade, não faltam críticas acesas, mas se lhe mandassem atirar a pedra em primeiro lugar, para mostrarem a sua inocência, escondiam a mão ou até eram capazes de a decepar, só para que não fossem condenados pelos atos reprováveis cometidos. "Quem nunca cometeu um ato que a sociedade reprove, por menor que seja?" — "Existirá, neste momento, algum ser humano, com capacidade de compreensão e entendimento que seja puro?" — Possivelmente, não! Nunca existiu, não existe, nem existirá. É uma questão de natureza. Todos os seres humanos que já partiram, para o desconhecido, ou para o monte de lixo de onde provieram, sendo que muitos deles se conhece o paradeiro onde foram depositados, jamais cometerão falhas e jamais voltarão a estarem vivos, conforme existiram. Nunca irão ter hipótese de voltar a passar novamente a porta da morte, depois que saíram da vida. Uma única vez foi suficiente e jamais poderão repetir a dose. Essa passagem apenas acontece uma vez e depois de a ultrapassar não existe retorno. É uma direção de sentido único, portanto, com inversão de sentido proibido, mas absolutamente proibido, não pela força do ser humano, mas somente pela força natural que faz com que os seres tenham apenas um sentido na vida; a morte. Aqueles que ainda se não apresentaram no mundo como seres humanos, também ainda não operaram a prática de atos reprováveis pela sociedade da qual irão fazer parte, mas assim que evoluírem, a sua vez chegará. De um vivo jamais existirão restos mortais, mas apenas o conjunto da vida sem vida. Não há restos mortais, apenas restos de corpos sem vida. A morte não deixa restos, leva tudo sem transportar nada com ela.

A ansiedade estampada, nos rostos dos clientes da adega, dava sinal de agitação coletiva. Era como se uma ordem consciente ligasse todas aquelas mentes sequiosas de pormenores da vida alheia, sendo que um dos causadores já estava, ao momento, no forno, cujo diretor-geral era mais conhecido por Satanás, o açambarcador das almas dos mal comportados. Quanto aos corpos dos infelizes praticantes dos atos reprovatórios não os queria para nada, absolutamente nada, nem davam para queimar na fornalha diabólica. Eram lixo sem valor algum para que fossem aproveitados para a reciclagem.

Finalmente, o familiar do morto tomou a palavra, todo cheio de importância, como se fosse contar, através do conhecimento oficial que tinha do caso, uma história cujo autor merecia um louvor por parte da sociedade.

"O meu tio foi um diabo. Deixou tudo de pernas para o ar."

"Ó Zeca, olha que as casas que deixou ainda estão na mesma posição. Assim as vi há pouco tempo, antes de vir para aqui e olha que já bebi umas largas canecas." — comentou um dos habituais clientes do Alcino, como se quisesse garantir que estava sóbrio, pois tinha conseguido, àquela hora da noite, observar que os prédios se encontravam na sua posição de estabilidade original.

"Isso foi só uma maneira de falar. De tal forma que a coisa parece estar nem os alicerces ficarão no sítio, ou melhor, irão mudar de dono, é uma questão de tempo" — era o conhecedor dos factos a argumentar.

"Então, o caso promete?"

"Sim, promete. Os herdeiros que pensavam não precisar de trabalhar mais, como até agora fizeram, ainda irão ter despesas à sua custa."

"Mas conta pormenores porque afinal nada sabemos de concreto. Só coisas vagas e assim nem perdemos nem achamos" — argumentou o mineiro.

"É claro! A viúva foi procurar o diário que estava escondido na pasta e esteve a ler e eu decorei, como texto para uma peça teatral, umas passagens, à sorte, daquilo que o defunto escrevera. Assim, em determinado momento ele diz: "A última noite, para mim, foi uma grande experiência. A mulher que veio para a nossa mesa, minha e do meu amigo engenheiro Soutelo, no Dancing Paladium, na rua de Santa Catarina, na cidade do Porto, era um assombro. Já há alguns anos que estou na cidade e nunca tivera, tão perto de mim, uma mulher tão vistosa e interessante, capaz de incendiar uma barra de aço, cozido a altíssima temperatura. Na minha fábrica, tenho muitas mulheres a trabalhar, algumas super moças, vistosas e desejáveis, mas a anos-luz de distância daquela. Nem parece de fabrico natural, mas mais de escultura celestial. O meu amigo que fazia de tradutor disse que ela era de Estocolmo, na Suécia, e que viera para Portugal passar férias. Tinha conseguido trabalho ali, no estabelecimento de diversão noturna, para ganhar uns cobres, a fim de conseguir acabar o seu curso superior na terra natal. Mesmo não compreendendo a sua língua, acabámos por nos entender razoavelmente. Não lhe são notados defeitos exteriores, pelo menos nas partes visíveis que são muitas. De resto, naquilo que está escondido, a beleza deverá ser igual ou ainda para melhor. Quanto ao seu comportamento social não se pode exigir que seja melhor. Acho que fiquei mentalmente perturbado com a presença dela. É uma autêntica brasa de carvão mineral. Nem é preciso utilizar a forja para aumentar o brilho da brasa, por si só, incendeia tudo à sua volta. Observei os olhares dos outros nas outras mesas da sala à volta da pista de dança. Ninguém, homens e mulheres, deixaram de estar em tentativa de adivinhação do que estaríamos a conversar. Fora a primeira noite em que a rapariga se apresentou ali. O meu amigo engenheiro disse-me que poderia ficar com ela, na casa de diversão noturna, até ao encerramento do estabelecimento. Depois, o resto da noite, no quarto dela ou, em outro local à sua escolha; o meu quarto, por exemplo. Em resposta afirmei-lhe que não estava certo, afirmando ser casado. Tenho filhos e deveres a cumprir perante outras pessoas. Ela não é de se deitar fora, mas também não sei muito bem o que farei. Estou a ficar entusiasmado demais com tamanho monumento móvel. Vale tanto em pessoa como o valor do seu peso em ouro. Passava uma hora da meia noite, o engenheiro disse-me que tinha de se ir embora, pois de manhã partiria de comboio, saindo da estação de S. Bento, no foguete, com destino a Lisboa, onde iria ficar a tratar de assuntos profissionais, junto das repartições do governo. Depois..."

O Alcino interrompeu:

"Meus senhores, estimados clientes, dentro de poucos minutos serão horas de encerrar. Se alguém quiser beber alguma coisa mais, para o caminho, é só pedir."

A clientela, que estava a seco já há algum tempo, sentiu-se frustrada com a interrupção. O tempo tinha voado como lume em estopa. Até se tinham esquecido de manter o nível do depósito só para ouvirem as novidades que um morto recente dera origem. Agora, não sabendo muito, já conheciam o suficiente para continuarem com a novidade em ativação perante aqueles ou aquelas a quem teriam de passar o conhecimento obtido, transmitindo por qualquer ordem de palavras. Certamente, daquilo que ouviram da boca do familiar, de pouco se lembrariam na manhã seguinte, mas dariam um arranjo, cada uma à sua maneira. Os que tomassem conhecimento, quando se reunissem, no domingo de manhã, no final da missa das dez, teriam muitas histórias para contar sobre o mesmo assunto. De um caso, haveria, talvez, uns cinquenta, alguns já com final determinado, cujo conhecimento ainda não tinha sido revelado. Seria a adivinhação a sair em toda a sua espetacularidade?

À hora certa, como de costume, naquela casa de vinhos e petiscos, a turba debandou. Todos tinham pressa em chegar a casa para contarem, mais uma vez, aos familiares que estariam a dormir, aquilo que tinham ouvido ou aquilo que foram congeminando pelo caminho, na companhia do álcool do vinho, companheiro inseparável, mas uma hora depois do encerramento, alguns pares ainda se mantinham, no largo, a falarem às escuras. Antes de abandonarem a adega, combinaram nova sessão, no mesmo local, com a mesma ordem de trabalhos, e à hora habitual. A marcação da hora exata era a única coisa que nunca tinham feito, pois todas as noites, sem hora marcada, encontravam-se no mesmo local para a missão de jogar cartas e beber vinho com ou sem acompanhamento de alimentos. Alguns deles, já tinham dificuldade de entrar na porta da adega. A imagem dupla confundia-os. Sempre venciam a dificuldade inicial, por ajuda de terceiros ou com o hábito, apontavam a meio das duas portas e, sem se aperceberem disso, estavam no interior. Os que usavam e abusavam eram aqueles que se autoproclamavam profissionais de frequência em adegas. Eram quase sempre inválidos para o trabalho, vivendo à custo do dinheiro que o estado lhes pagava, para ajuda ao consumo do produto nacional, pois tinham emprego certo na visita às capelas da freguesia e, enquanto bebessem, os vinicultores tinham o seu rendimento assegurado. O país necessitava que o consumo dos produtos produzidos internamente tivessem saída, fazendo com que todos vivessem em harmonia.

»»..««

Um mês depois de ter chegado da terra, onde deixara um grande investimento industrial, cujo sócio tomara conta na íntegra, recebeu a primeira transferência relativa à cedência da sua parte nos negócios. Com a valorização da moeda brasileira, ainda conseguiu um diferencial cambial, a seu favor, de mais de dez por cento. As transferências sucederam-se e ao fim de vinte e quatro meses todo o capital estava em suas mãos. Um mês depois de ter chegado o último pagamento, a mesma moeda iniciou uma desvalorização constante, e ao fim de dois anos estava a valer menos sessenta por cento.

Como se tratava de uma grande fortuna, deixou de se preocupar com a execução física dos trabalhos agrícolas, contratando um caseiro e sua família para que procedesse a todas as manutenções necessárias.

A parir daquela data, as filhas estudavam no liceu de Penafiel e o filho na faculdade de medicina no Porto.

Quando o rapaz se encontrava a terminar o segundo ano da faculdade adoeceu, vítima de tuberculose. Veio falecer em casa dois meses após o diagnóstico. A mãe, em consequência da perda do seu estimado filho, que muito a ajudara, desde criança, enquanto o pai estava ausente, acabou por adoecer, com uma depressão profunda, por causa da saudade. Passava a maior parte do dia no cemitério da freguesia do Pinheiro, que confrontava com os terrenos da quinta, junto do jazigo de família. Em muitos dias tinham de ir buscá-la para que se alimentasse e fosse para casa, a fim de descansar. Foi levada a especialista da cidade do Porto que nada conseguiram fazer dela. Esteve internada em hospital psiquiátrico, acabando por falecer seis meses após a morte do filho.

Agora, naquela casa, apenas existia o pai, cansado e abatido pelo desgosto, e as duas filhas que perderam, em pouco tempo, as pessoas com quem mais privaram, partilhando a vida, o esforço, as alegrias e as tristezas, em pouco tempo, e que protegiam, uns aos outros, em tudo que fizera parte das suas vidas.

A vida tinha de continuar, mas a ausência definitiva de dois elementos deixara marcas indeléveis. Até o pessoal que trabalhava na exploração agrícola, perdera parte da alegria; quer no trabalho ou em convívio pessoal.

O pai remeteu-se ao silêncio absoluto. Apenas saía da propriedade para ir à missa ao domingo de manhã, e ao cemitério colocar dois ramos de flores que apanhava no jardim ao lado da casa. Ele mesmo os preparava, com todo o amor, que um homem pode ter pela mulher e pelo filho, ambos desaparecidos rapidamente. Enquanto estava junto do jazigo, não pronunciava palavra, mas quem o olhasse de frente verificava que as faces estavam molhadas, pelas lágrimas que lhe escorriam, salpicando a frente dos sapatos. As outras pessoas que estavam no cemitério, de visita às campas daqueles que tinham partido, ainda ficavam mais tristes quando encaravam o homem de frente. Todas lamentavam a triste sorte que lhe batera à porta, 'mas Deus assim quisera', comentavam.

Ainda mais cedo que a hora combinada, como se fosse uma procissão devidamente organizada, os clientes começaram a entrar porta adentro da adega. Conforme iam chegando, dirigiam-se ao Alcino para que lhes enchesse as canecas e ocuparem o lugar onde tinham permanecido na noite anterior. Comportavam-se como os clientes de cinema que tinham de obedecer à fila e ao número da cadeira. Nunca, aquela casa, se enchera tão rapidamente. Estavam todos munidos de vasilha, com vinho verde tinto, e alguns com nacos de pernil de porco assado, quando entraram os dois especialistas em informações e esclarecimento sobre a vida alheia, sendo que um deles era interveniente indireto; o sobrinho da viúva e do morto. Após uma saudação coletiva, com alguma efusão, ocuparam os lugares na mesma mesa. O Zeca abriu uma pasta que trazia consigo retirando de dentro dela um espesso caderno de capas pretas. Para qualquer entendido, dava a perceber que era o livro de protocolo, onde se confirmava, através de rubrica e data, o recebimento de correspondência registada, telegramas ou, no exército, receção de mensagens confidenciais e outros documentos. Perante a admiração de todos, incluindo o taberneiro, e sem mais demoras, informou:

"Em virtude do caso que tenho vindo a falar ser muito complicado e complexo, trouxe o caderno diário de que já falámos, pois não queria estar a falar de cor e transmitir-vos coisas que não foram verdadeiras. Costumo primar pela verdade e é por isso que tomei esta decisão, pois não pretendo que duvidem daquilo que vos passarei. Por outro lado, a minha tia esteve de acordo com isso, pois, ela também costuma ser verdadeira nas suas afirmações e enfrenta sempre a realidade, mesmo que amarga. Por outro lado ainda, ela quer que todos saibam com que espécie de pessoa esteve casada tantos anos. Acha a ideia justa e aqui estou para vos elucidar sobre algumas passagens. É certo que não vos irei ler todos os textos, mas apenas algumas partes que serão suficientes para tirarem conclusões. Tenho marcado onde ficámos ontem e aí começarei hoje. Refere-se ao dia vinte e oito de julho de há dez anos atrás. Está escrito: "Aquela mulher sufocou-me. Desde o primeiro momento que se sentou à nossa mesa, nunca mais tive sossego. Sempre tinha ouvido contar que as raparigas suecas, salvo alguma exceção, eram espetacularmente bonitas e não se enganavam. Os cabelos são longos, totalmente louros, com tendência para o branco e brilhantes, como se fossem fios de aço polido, despertam a mente de qualquer um homem. Uns olhos azuis que nos atrofiam a consciência, fazendo que me perca, como se entrasse repentinamente no espaço sideral, onde se começa a ver apenas luzes intensas, que acabam por cegar os olhos, ferindo-os e bloqueando a alma, a mente e o espírito, o entendimento masculino, o discernimento e a capacidade intelectual do observador. Quem se fixasse na apreciação da beleza ali à minha disposição, naturalmente, toldar-se-ia a sua memória, a sua capacidade de análise, que seria chocante quando, mais tarde, fosse ponderada à luz da razão. As suas feições faciais formavam um conjunto irresistível e o seu busto, de tão esbelto, completava o resto do panorama. Sem mais análises, lembro-me de ter pensado, talvez em voz alta: "estou perdido e confuso". Depois que o meu amigo se foi embora fiquei à deriva, pois não sabendo falar inglês com ela, as coisas ficaram mais difíceis. Dançámos durante cerca de duas horas. Durante esse tempo apenas bebemos um cálice de espumante e comemos um pequeno doce cada. Acho que a euforia não dava para mais. Verifiquei, por aquilo que já conhecia, que ela não era uma oportunista a arrancar bebidas e outras coisas para me levar a fazer despesas. Às três horas e quinze minutos já me sentia cansado e tentei dizer-lhe que me ia embora. Creio que ela me compreendeu imediatamente. Indicou-me para que me sentasse e dois minutos depois estava junto a mim já com um casaco leve, comprido, azul turquesa e uma boina vermelha. Levantei-me um pouco atrapalhado para me despedir. Fiquei ainda mais confuso. Faltava pagar a conta. Peguei na carteira e fiz sinal ao empregado de mesa para trazer o valor a pagar. Paguei e deixámos o dancing. No elevador, olhei para ela seriamente; estávamos só os dois. Em dois minutos estávamos no passeio da rua de Santa Catarina com Passos Manuel. A noite estava fresca. Ela disse-me qualquer coisa que não percebi, mas pela maneira com que se agarrou a mim compreendi que estava com frio por termos vindo de uma sala quente. Fui-me dirigindo para a praça dos Poveiros, onde eu tinha um quarto alugado. Estava a seguir, sem querer, a indicação do meu amigo engenheiro, que me tinha lançado aos leões, creio que intencionalmente. Tinha dúvidas se ela iria realmente ficar a dormir no meu quarto. Ela é mais nova cerca de dez anos e a diferença é acentuada, mais pelo contraste entre a beleza dela, e a que pode ser a minha. Fomos subindo, calmamente, passando em frente ao Coliseu. Caminhámos lentamente como se não soubéssemos para onde nos dirigíamos, o que, em certa medida, era verdade. Ao fim de quinze minutos, cheguei à porta do acesso ao prédio. Abri a porta, mas ainda não me tinha apercebido da realidade que se estaria a desenvolver. Assim que a porta se abriu para trás, ela foi a primeira a entrar. Nem fora preciso dar-lhe ordem. Como a escadaria era larga, ela acompanhou-me ao lado até ao segundo andar. O prédio é composto por três pisos, com esquerdo e direito. Um quarto relativamente grande e um quarto de banho completo e uma divisória que nem é despensa nem escritório, nem qualquer coisa que a pode identificar. Além de pequena em área é de forma triangular, o que complica ainda mais o fim a que se poderia destinar. Assim que entrámos, e após eu ter ligado o interruptor da luz do candeeiro do teto, ela assobiou, como se tivesse encontrado uma maravilha. A partir desse momento foi um desassossego total entre os dois. Se um queria o outro estava com mais vontade. Apenas que se não podia fazer barulho, caso contrário, haveria reclamação pela certa."

Tudo estava em silêncio às oito horas da manhã naquele quarto. As pessoas já se encontravam em movimento. A maioria dirigia-se para os seus empregos. Algumas trabalhariam a grande distância das suas habitações e, por isso, tinham de percorrer algumas ruas. Os transportes públicos eram escassos, mas o pior era a falta de dinheiro para que se dessem ao luxo de os usarem habitualmente. Com as deslocações a pé diárias, pelo menos de ida e volta, a saúde delas, de uma forma geral, era boa. Faziam exercício sem outros custos que não fosse o romper da sola do calçado, com qualquer estado de tempo. Em frente ao prédio, no largo, a azáfama de alguns feirantes apregoando os seus belos produtos, em alta voz, não interferiam no sossego do interior do quarto. Ali, os nossos dois corpos vivos, nada viam nem ouviam. Dormiam profundamente, como se não fossem de carne e osso, após uma curta noite de luta sexual.

Às nove horas ela acordou e iniciou movimentos suaves com a sua mão direita na face do seu companheiro de cama.

Assim que ele acordou, tentou compreender quem ela era e o que estava a fazer à sua beira. Dava a entender, pela sua expressão, que tinha acordado de um pesadelo e entrara finalmente na realidade. Recuperado da surpresa inicial, que ele mesmo criara, levantou-se de um salto, pronunciando: "Estou desgraçado! A ruína da minha vida social começou esta noite."

»»..««

O Justino, desde que morrera o filho e ficara depois viúvo, desinteressou-se de todos os trabalhos de orientação da exploração dos terrenos agrícolas. As filhas, agora com ele, permanentemente, por terem deixado de estudar, faziam tudo quanto lhes era possível para que despertasse. Ainda não era velho para se encerrar no seu próprio casulo. Nas noites de inverno, elas tentavam mantê-lo acordado o mais tempo possível. Queriam que se não fosse deitar cedo para que dormisse melhor, sem sonhos agitados ou pesadelos. Numa dessas noites em que acordou sobressaltado, com visões a atormentá-lo em que elas eram as visadas, pediu-lhes, quando o foram socorrer ao quatro, acordadas pelos seus gritos de aflição, que fizessem tudo o que estivesse ao seu alcance, para se compreenderem, como até àquela data, até final das suas vidas, acrescentando: "A vida, para todos nós, foi cruel. Por um lado, trabalhando muito, sem horários, sem horas certas para alimentação, sem dias nem momentos de descanso, conseguiu-se amealhar dinheiro para que tivéssemos uma regalada vida, sem preocupações financeiras, mas o diabo meteu-se no caminho. Não deixeis que ele se meta no vosso."

As filhas tentaram dar-lhe uma visão totalmente diferente, mas ele continuava com as suas lamentações e os seus pedidos. A cada dia que passava sentia-se enfraquecer. Levaram-no ao médico das termas locais. Com todos os exames possíveis, feitos em Penafiel e finalmente no Porto, nada fora conclusivo, o estado da alma não tinha valores padrão, nem eram registados por RX.

Um dos especialistas da área da psiquiatria, o mais conceituado do norte do país, depois que ouvira toda a sua história de vida, disse para as filhas do consulente: "Está vazio por dentro. O estado emocional entupiu-se com a razão que lhe faltou. Não tem doença física, muito menos mental. O que o preocupa está para além da medicina. Pessoas há que, quando perdem alguém que muito estimaram, para compensar a sua falta, entregam-se a estranhas atitudes, afincadamente, morrendo esgotadas fisicamente, com a ânsia de alcançarem a energia que lhe quebrou a ligação. Outras, remetem-se ao silêncio da mente, fechando tudo à sua volta, na esperança de se aproximarem e juntarem-se a quem está ausente. Para essas, a vida e a morte não existem, apenas estão numa transição de onde raramente retornam. Nem se pode afirmar se estão em vivência feliz ou não. Ninguém tem conhecimentos sobre isso, pois não se pode estar dentro da mente alheia e analisá-la."

»»..««

Na adega, o familiar do morto, continuava a leitura do diário que o falecido tinha escrito secretamente.

"Estou desgraçado! Quando acordei é que me apercebi de tão grave situação em que me tinha metido, mas de nada valeu o arrependimento, pois isso não vinha invalidar o ato. Dei conta que tinha cometido um crime de honra, contra mim e, principalmente, contra a minha família. A minha honorabilidade tinha-se derretido, como um pedaço de manteiga atirada para a fornalha de uma locomotiva em plena marcha. A partir daquele momento, em que fiquei lúcido e observador de tudo quanto se poderia alterar, resolvi começar a anotar esta primeira anomalia, digna de registo, pelo lado negativo, acontecido na minha vida. Não valera para nada o juramento de fidelidade feito, os ensinamentos da catequista, dos senhores padres, do meu confessor, e das recomendações que me fizeram, constantemente, pais e avós já falecidos. De nada valeu o que aprendi nas aulas da escola primária, pois, apesar de me chamarem doutor, nunca entrei num liceu, muito menos numa universidade. Na minha aldeia, alguém se lembrou de afirmar que eu me exprimia, oralmente, como um doutor e, vai daí, fiquei doutor para o resto da vida, deixando esse título inútil aos meus descendentes. No meu ramo, o industrial, haverá poucas pessoas que me ultrapassem em conhecimentos sobre a atividade que exerço; indústria têxtil. Nada sei da língua inglesa, a não ser bom dia ou boa noite, mas o desconhecimento em nada atrapalhou a contribuição para o descalabro; a queda num profundo fosso. Naquele momento, ao contemplar a rapariga, totalmente despida, em cima da cama, sorrindo abertamente, como se fosse a coisa mais fácil deste mundo, para mim. Tentei explicar-lhe, por gestos, que eu estava metido numa enrascada das grandes, nem lembrava ao diabo semelhante coisa. Sem entender mais nada, ela fez-me compreender que ia ficar ali no quarto de forma definitiva. Fiquei atormentado. Sem solução à vista, saí à praça com ela. De manhã, fomos a uma confeitaria tomar o pequeno almoço, mas não aquela que frequento diariamente. Iriam fazer-me perguntas e não saberia o que responder. Enquanto comíamos, lembrei-me, de repente, de telefonar ao meu amigo engenheiro, a fim de que me viesse socorrer. Queria que fizesse de interprete entre nós os dois. Telefonei-lhe para casa e ainda o encontrei. Contei-lhe resumidamente o que se estava a passar e combinou-se o encontro no café Majestic, na rua de Santa Catarina, a escassos metros onde travara conhecimento com aquela que, sem pensar, está para arruinar a minha vida."

"Meus senhores, está na hora de mais uma rodada, antes do encerramento do estabelecimento. Quem quer?"

Os presentes ficaram insatisfeitos, pois com a leitura e interrupções, o tempo passara ligeiramente e o que se seguia, que parecia ser empolgante, tinha que ficar para a noite seguinte. Nenhum dos clientes ficou a gostar que fossem sujeitos a um interregno de aproximadamente vinte e duas horas. Alguns dos que já tinham assistido à exibição de um filme, no cinema ou na igreja, sabiam que quando estariam com a ansiedade elevada ao máximo, para verem a próxima cena, acontecia o intervalo, e o desgosto apoderava-se da sua ilusão.

Na manhã do dia seguinte em que completava quatro anos após a morte da dona Margarida, pela demora em descer à cozinha, para tomar o pequeno almoço, a empregada subiu ao primeiro andar, batendo na porta do quarto, com o pequeno batente em latão amarelo. À falta de resposta do interior, foi aceleradamente chamar pelas filhas do proprietário que tinham ido assistir à debulha do milho.

Entraram as três mulheres, acompanhadas pelo feitor, pela porta de acesso às escadas. O homem bateu à porta; primeiro suavemente e depois com violência. O silêncio manteve-se. Do interior nem sinal de vida. À falta de resposta, abriu a porta, devagar, talvez com medo daquilo com que se iria deparar. Recuou dois passos indo de encontro à parede do corredor. As mulheres gritaram:

"Está ali!..."

Dirigiram-se imediatamente na direção do sofá que se encontrava a um canto do quarto, junto da cabeceira da cama. O homem estava sentado, de olhos abertos, com o olhar fixado num ponto invisível. Possivelmente, seria na cama que se encontrava na sua frente.

Assim que se aproximaram, julgando que estava sem vida, dado que não emitira sinal algum, ele virou a cabeça para elas, pronunciando, em voz baixa: "Ainda não chegou a hora. Está difícil. Bem tenho pedido a quem tem a solução para os infortunados da vida humana, neste caso a minha, para que me faça juntar a quem partiu antes de mim."

Angustiadas com a ação do pai, resolveram telefonar ao médico da estância termal, que o tinha observado nos últimos tempos, pedindo-lhe socorro.

Depois que o doutor o observou no quarto, passadas duas horas, ainda se encontrava na mesma posição. O médico emitiu o seu parecer, na sala grande, conforme lhe fora solicitado antes de subir ao quarto.

"Lamento, mas a medicina nada mais consegue fazer para além daquilo que já fez. O vosso pai está à espera do sinal para partir. Apenas espera esse momento. Nesta ocasião, ainda estando vivo, a sua alma já flutua, no infinito, procurando as outras que lá se encontram à espera. O tempo que lhe resta de espera na terra será curto, e brevemente abandonar-nos-á, silenciosamente, sem emitir qualquer sinal. Terá uma morte suave, silenciosa e desejada, que o transportará para o além, viajando sossegadamente para que o recebam em perfeita harmonia, para a felicidade eterna. Ele já não comanda a vida, embora ela ainda tenha existência dentro dele. Irá partir de consciência tranquila, pois cumpriu a missão que o destino lhe houvera traçado em momento próprio. Devem agradecer ao Criador, pelo pai que tiveram, pois todo o seu esforço fê-lo em favor da mulher, das filhas e do filho. Que seja recebido em glória, uma vez que em glória viveu."

No momento em que o médico acabou de pronunciar as últimas palavras sobre os breves momentos de vida que ainda restavam ao proprietário da casa, a empregada que ficara no quarto a fazer companhia, gritou a plenos pulmões:

"Acudam ao vosso pai!..."

»»..««

Ao fim de trinta minutos após o telefonema do pedido de socorro, os três sentaram-se ao fundo do café Majestic, próximo do balcão; era a única mesa não ocupada. Ao aparecimento do empregado solicitaram um café para cada. Estavam acordados, mas necessitavam de estarem despertos, para o que iam ter de resolver em conjunto. As primeiras palavras do engenheiro: "O foguete já se foi!" — Depois de saborearem a bebida quente, o doutor, disse:

"Meu amigo! Deixaste-me só ontem à noite com esta moça e já fazes ideia do que aconteceu, nem vai ser necessário explicar. Quis dar-lhe dinheiro para que ela se fosse embora, mas não aceitou e deu-me indicação de que quer ficar no quarto. Como a não consigo entender totalmente nem ela a mim, quero que faças a tradução daquilo que quero. Diz-lhe que sou casado. Que lhe pago o que ela quiser, mas que se vá embora."

Após a tradução, o engenheiro informou da resposta da parte feminina: "Não me vou embora. Quero ficar para sempre com ele e pode ser naquele quarto. Fiquei louca por ele, portanto só se me matar é que o deixarei em paz."

Se o doutor já estava em confusão mental, naquele momento, o seu sistema de entendimento dera um nó cego.

Olhou a rapariga de frente, olhos nos olhos e pensou que realmente ela lhe provocara um encandeamento na mente. Afinal, queria que se fosse embora, mas para contradição desejava-a ardentemente.

A noite não fora boa conselheira e o dia dava sinais de vir a ser muito pior. A cada proposta apresentada, ela dizia sempre que tinha de ficar junto dele. Nada mais havia a fazer. Não era o pegar ou largar que estava em causa, era somente o pegar. Ao fim de duas horas de diálogo, entre os três, chegaram a um acordo. O doutor alugaria um outro quarto em prédio diferente para que ela ficasse instalada. Almoço e jantar onde quisesse que ele pagaria todas as despesas.

O engenheiro saiu para procurar apanhar outro comboio com destino a Lisboa. Os outros dois ficaram a trocar olhares e sorrisos. Depois, pediu ao empregado que lhe emprestasse o Jornal de Notícias e foi direto para as páginas dos anúncios. Após uma consulta, encontrou aquilo que poderia ser a solução e, como que por milagre, estava ao alcance de cento e trinta metros de distância, ali na mesma rua.

Foram ao local indicado e observaram o quarto que estava disponível. Não era muito grande e apenas estava equipado com lavatório e bidé. No corredor, ao lado do quarto, existia um quarto de banho completo com banheira e uma base de chuveiro com um metro quadrado de área. Tinha serventia para três quartos existentes naquele andar. O prédio era composto por quatro pisos, sendo o último, com dois quartos, tipo mansarda. A grande vantagem era a varanda saliente sobre o passeio da rua. Durante a noite era realmente sossegado, sendo quebrado quando o carro elétrico, fazia ruído sobre as linhas de ferro. O movimento automóvel era muito reduzido durante as horas noturnas. Acertaram o preço e o doutor pagou dois meses adiantados.

>>>>..<<<<

Subiram as escadas aceleradamente. Entraram no quarto. A empregada, ao lado do sofá, segurava a cabeça do Justino que tombava para o lado esquerdo.

"Ele chamou, em voz baixa, pelo nome da mulher, do filho e depois pelos vossos nomes. A seguir, olhou para mim, sorriu levemente, tombando para o lado. Está morto!" — pronunciou a empregada entre lágrimas e soluços.

O médico chegou ao quarto momentos depois. Já não era novo para subir escadas a correr e também não se tornava necessária a sua ajuda. Tocou no corpo com os dedos da mão direita, comentando:

"Acabou de falecer! Morreu em paz e sossego. Passarei a certidão de óbito!"

As mulheres ajoelharam e iniciaram uma oração enquanto as lágrimas dificultavam a continuação. A empregada foi chamar o marido ao campo e os restantes trabalhadores.

No dia seguinte, pelas dezasseis horas, o cortejo fúnebre saiu da Quinta de Lamego, em direção ao cemitério local. Ele todos os dias observava os muros de vedação, que de qualquer parte da sua propriedade eram visíveis. A partir daquele momento, daquela família, restavam apenas as duas irmãs inseparáveis. A vida na quinta não iria ser fácil. O trabalho para elas não era estranho, mas, agora, tinham que ser elas mesmas a tomar todas as decisões.

Com a morte dos familiares mais próximos, as irmãs entregaram-se à administração da sua propriedade. Tudo foi legalizado junto das entidades competentes. Fora fácil em virtude do anterior proprietário ter todos os assuntos em ordem.

Na falta de familiares mais próximos, as duas, aproximaram-se ainda mais do pessoal que trabalhava na propriedade. Existia a exploração agrícola, os animais para os trabalhos nos campos e nos montes. Então, a partir do momento em que ficaram sós a contas com tudo o que lhes pertencia, as irmãs tornaram-se ainda mais inseparáveis como se fossem duas gémeas. A diferença de idade, entre elas, era pouca e, isso, tornavam difícil a identificação de quem era quem. Vestiam igualmente roupa das mesmas cores e quase sempre modelos iguais ou muito semelhantes. O penteado era igual e a cor do cabelo também. Aqueles que com elas conviviam todos os dias, sentiam, quase sempre, dificuldade em saber qual delas era uma ou outra. Se estavam juntas, aí a confusão aumentava.

Com o passar dos meses, o pessoal de serviço do interior da casa conseguiu atingir um ponto de diferença entra elas. A mais velha, quando lhe falavam em dinheiro ou custo de qualquer coisa, respondia automaticamente, com uma frase interrogativa: "Tão caro? Custa tanto?"

A empregada das compras dos artigos de alimentação na mercearia local, com a dificuldade que tinha em as diferenciar, dizia para as duas em conjunto, pois, estavam quase sempre as duas: "Preciso de dinheiro para ir às compras!"

"Outra vez?..." — era a Olinda a perguntar, sendo, por análise mental, a mais velha. A outra, a mais nova, a Leonor, raramente se pronunciava naqueles termos.

»»..««

Às dezanove horas a assembleia de bebedores curiosos estava reunida. Não tinha havido convocatória, por carta nem por edital, apenas uma simples combinação e ninguém faltara. Ainda, para benefício do Alcino, chegaram mais dois, atraídos pelo conhecimento que tiveram sobre a leitura de um documento que tinha sido lavrado para memória futura, que tinha produzido efeito especial, no presente. Depois que estava com a palavra molhada, com ou sem acompanhamento, logo um dos presentes solicitou que fosse iniciada a leitura do documento, pois que, aquilo que ouvira, na noite anterior, tinha-o deixado sem sono até à hora de levantar. Acedendo ao pedido prontamente, o familiar do falecido Rogério, mais conhecido por doutor, iniciou a leitura, como juiz em tribunal, lendo um longo texto, como se fosse o processo para uma sentença.

"Como aqui tem muitas coisas escritas, foram alguns anos, vou abrir numa página que selecionei, hoje de manhã, enquanto estive a dar uma vista de olhos por todo o bloco de apontamentos. É espantoso aquilo que o meu tio foi capaz de fazer. Assim, vou retomar a leitura: "Todas as noites, a rapariga vem ter ou meu quarto. Eu não vou ao dela. No prédio do meu quarto, o senhorio reside em Coimbra e o pagamento do valor do arrendamento é efetuado através de uma agência de contribuintes, com escritório na praça da

Batalha. Ao contrário do prédio do quarto da rapariga, os senhorios ocupam a parte superior do lado esquerdo, e a mulher é uma santeirinha. Três a quatro vezes por dia, vai para a igreja de Santo Ildefonso e, também, à dos Congregados, chatear os santos da sua devoção. Quando está mais deprimida, como todas aquelas que acreditam nas balelas que lá nos pregam, ela ainda vai à capela das Almas. Deu para perceber logo, no primeiro contacto, pois ela mesma fizera a menção em resumo da sua vida. Talvez fosse para dizer que não aceitava visitas de um homem mais velho, com uma moça tão esplendorosamente bela, a contrastar com ela, que mais se parecia com um esqueleto que os estudantes de medicina, por vezes, têm nos seus quartos para estudo. Comportava-se como os elementos das religiões ou das seitas, não podendo comer, proíbem os outros de o fazer. Ao fim de semana, a rapariga fica só. Com a passagem dos dias fomo-nos entendendo, umas vezes com a ajuda do engenheiro, outras com um dicionário. Ao fim de um mês de convivência diária já nos conseguíamos entender melhor. Por vezes fazíamos desenhos para complemento. Ela entendeu bem a situação em que me encontrava, tendo afirmado que não iria pressionar para abandonar a mulher desde que nos outros dias nos encontrasse-mos. Uma vez por semana, à noite, temos ido ao dancing onde nos conhecemos. Só peço para que a minha família não descubra."

" Agora, vou passar mais para a frente."

Enquanto procurava a nova página que julgava de mais interesse, o pessoal solicitou, mais uma vez, o esforço do taberneiro. Logo o Alcino entrou em roda viva, satisfazendo a vontade dos clientes, aproveitando para ganhar a vida. Por outro lado, o seu afinco ao trabalho era o de não perder uma única frase, quando fosse iniciada a leitura do novo capítulo.

"Já posso começar?" — indagou o leitor.

"Por nós estamos prontos!" — respondeu um deles, enquanto pousava a caneca já vazia e limpava a boca à manga da camisa mais uma vez.

"Então lá vai!" — "Há uns anos que estamos juntos, todas as noites. A rapariga nunca quis receber dinheiro meu, a não ser para pagar todas as despesas, que não são poucas nem pequenas. Agora, deu-lhe na real gana de querer ir visitar os familiares à Suécia e quer que vá com ela. Não me posso ausentar, pois isso iria despertar o que tem estado a dormir. Para a não contrariar e com medo de a perder; loucura, vou pagar tudo, o que me vai custar uma fortuna. Já lhe expliquei que a quero de volta dentro de quinze dias, uma eternidade, depois de partir. Só de pensar que me vai faltar nem descanso, como deve ser, durante a noite. Que poderá acontecer se os meus familiares descobrirem? Espero que aconteça apenas depois de eu morrer. Não quero estar vivo quando vier ao de cimo toda a verdade, porque estas coisas não se encobrem eternamente."

"Uns dias mais adiante, a descrição continua" — comentou após uma breve pausa, enquanto folheava, mais uma vez, o grosso diário.

"Fomos hoje comprar as viagens à agência na avenida dos Aliados. Paguei ida e volta e dei-lhe dinheiro suficiente para as despesas que terá de fazer durante os dias de deslocação. Praticamente, fiquei com a conta de depósitos à ordem a zero. Desde que entrou na minha vida, já dei cabo de uma boa quantia em dinheiro. Por muito que venha a sofrer, se ela não voltar, seria o melhor para mim terminar por aqui. Até este momento, ela não engravidou o que, apesar de tudo, já é uma ajuda. Só me faltava um filho e não com a minha mulher. Com todas estas modificações na vida, sinto que já não acredito nem em Deus nem no Diabo, mas apenas no destino que me estava traçado ou na minha incapacidade de dizer não no momento certo. Estou tão dependente dela, como os alcoólicos crónicos estão presos e dependentes do álcool. Neste momento, como eu os compreendo!"

Folheando mais três páginas, o informador das novidades, continuou a leitura do que relatava uma vida dupla, levada a efeito por uma pessoa respeitável que até era seu familiar. Depois continuou, pausadamente, a ler para que todos percebessem a história, sem interrupção:

"Estou no segundo dia depois que ela partiu. Nunca pude imaginar o que é estar num estado de saudade tão profundo que chega a ser dilacerante e depressivo, simultaneamente. O serviço não me correu bem nestes dois dias. A continuar assim, não aguentarei tanto tempo sem ela. E como será no fim de semana? Não tenho nem jamais terei resposta para isso. Estou tão confuso pela ausência dela que parece que me amputaram uma perna e um braço, e agora não consigo manter o equilíbrio; o equilíbrio físico e mental. A desviar-me da rota da boa conduta vou estatelar-me no centro onde se encontram hospedados os miseráveis; os sem-abrigo institucio-nalizados. Tenho momentos de perfeita lucidez, mas não consigo aproveitá-los para tomar decisões firmes e lógicas, se bem que a lógica pode ter diversas interpretações, consoante o que nos convém. Por esse motivo, ou outros de igual teor, é que uns veneram Deus e outros o Diabo. Neste momento de completa lucidez, enquanto escrevo, a lógica mostra um caminho; o reto e aconselhável, mas o meu querer e o meu decidir apontam para outro lado, mas sempre na direção dela. O seu corpo atrai-me com tanta intensidade que fico reduzido à sua vontade. Fico sem responsabilidade, sem poder de análise, sem poder de destrinça, e sem vontade de a abandonar nem que seja por alguns minutos. Durante o período do dia em que estamos separados, por causa do meu trabalho, o meu pensamento está nela e não no meu escritório. Assim que chega a hora de sair do serviço remeto-me ao quarto dela para irmos jantar. No momento em que estamos no restaurante, peço a mim mesmo para que o relógio pare o movimento, como se isso fosse possível. Quando está na minha presença, seja em que local for ou situação, sinto-me um ser transportado no ar por uma brisa suave e subtil. De todos os anos que já vivi nesta minha vida, antes de a conhecer, julgo que todas as alegrias e boas disposições que tive em vivência anterior, não valeram, no seu todo, um minuto em conjunto com ela. Nunca estive em estado de loucura ou em momento de falsa personalidade, mas, neste momento, não posso garantir, com certeza, sem margem de erro, que não permaneça num desses campos ou nos dois, ao mesmo tempo. O espírito foi renovado, a alma e a mente sofreram a mesma alteração, embora o corpo tenha envelhecido de forma natural, conforme está determinado pela natureza. Chego a pensar que estou loucamente apaixonado, sem limites, independentemente da diferença de idade entre nós os dois, o que fará rejuvenescer as partes não biológicas, elevando o portador das mesmas a campos eufóricos capazes de transformarem o comportamento do indivíduo perante a sociedade. Por mais razões que existam à volta dele, condenatórias, segundo o programa estabelecido, sente superioridade e inatingibilidade, passando a flutuar em vez de caminhar. As pequenas coisas tornam-se em fantasias que o fazem elevar acima de todas as dificuldades e padrões. Desde que ela se ausentou, e foi somente há dois dias, já tive sonhos de fazer estarrecer. Ainda tenho presente, dentro da minha mente, alguns dos episódios que o meu cérebro emitiu, enquanto dormia, sem dormir, em estado de sono profundo. Apenas aquele dormir acordado, sem, contudo, poder comandar ou alterar o meu destino. Um destino, feliz por um lado, mas cruel por outro. O destino que algum ser superior nos reservou, carimbando-nos, à nascença, antes ou depois, como fazem nos matadouro às carnes que vão para os talhos. Em resultado desse estado de angústia incontrolado, via e sentia a dor, ao ser cortado por uma espada afiada de um guerreiro de tempos idos. A estrutura corporal do portador da arma branca fazia-me lembrar alguém da minha família. Nunca o consegui identificar em virtude de se esconder por detrás de uma armadura em aço polido. Outras vezes, sentia o meu corpo envolto por densas labaredas e, em outras situações, figuras horrendas, sem olhos nos locais próprios, atiçando as chamas de tal forma que elas evoluíam passando a ocupar todo o espaço livre à minha volta. Numa outra parte do sonho, uma grande poça de sangue fazia-me enjoar. Ao olhar para baixo, verificava que toda a minha roupa estava ensanguentada e a escorrer para a tal poça que aumentava de área rapidamente. Tentava afastar-me dela com medo e, no movimento de recuo ela acompanhava-me. Gesticulava e gritava, por isso acordava banhado em suor, o que, depois de acender a luz, via que era apenas água que molhara o pijama e os lençóis. Para serenar, dirigia-me ao lavatório, para refrescar a face com um pouco de água da torneira. Assim que me sentia mais calmo, analisava tudo o que me lembrava do pesadelo, sentado na beira da cama, prometendo, a mim mesmo, que, pela manhã, ia pôr os pontos nos ii. O pior de tudo, e depois que me levanto, a situação na minha mente permanece inalterada. É como se tivesse dado um banho mental e apagado tudo aquilo que era perturbador e trágico. Desperto, apenas tenho à minha frente o vislumbre permanente da mulher, loura, de olhos azuis brilhantes, sorrindo para mim, encantadoramente, o que me faz sentir, perdido e sem força para alterar o que quer que seja. Acho que entro num estado de hipnose profundo, dominado de perto ou à distância por aquela que deveria ter ficado a milhares de quilómetros de distância e, sem pretexto algum, saísse da sua terra natal. Isso não aconteceu, é um facto, mas eu sofro perdidamente por ela; quando está presente, e muito mais quando está ausente. Creio que, a partir deste momento, não me vou condenar mais pela incapacidade mental na separação do bem e do mal. Já não distingo um estádio do outro. Tudo à minha roda é igual. Assim, para conseguir manter-me em movimento sem dar nas vistas, apenas tenho que jogar com uma dupla vida, ao deslocar-me a casa para junto da família na minha aldeia. O que me salva, pelo menos por agora, é que os meus filhos vivem à custa do dinheiro que todos os meses deixo lá ficar. Vivem de costas direitas e sem preocupações, assim como a minha mulher. Mesmo assim, não quero que tenham conhecimento do acontecido com a rapariga. Por isso, apenas posso condenar o destino que me estava traçado, na linha invisível do universo, ou pelo Criador de todas as coisas, boas e más, ou por outro Ser qualquer que seja o senhorio de todo o conjunto. Para já nem acredito que um outro ser tão importante, se existindo, se preocupe com um outro ser tão insignificante, tendo em consideração todo o conjunto visível, e mais ainda do invisível que é muito maior. Mas, considerando que tudo acontece de acordo com a Sua vontade, conforme têm apregoado os mentirosos, vestidos de saia preta e coleira branca, então que se dane quem for prejudicado. O sofrimento que se apodera de mim, inúmeras vezes ao dia, é compensado com a suavidade de afetos que a rapariga me envolve. Portanto, no meio de uma grande tempestade haverá, também, sem sombra de dúvida, algo que merece ser apreciado; o amor. O envolvimento físico de ambos, apesar das diferentes línguas faladas, faz transbordar as incertezas da vida, como se fosse a corrente de um grande rio a aumentar o seu volume, afagando, suavemente, tudo o que cobre à sua volta. A sua permanência junto de mim, ou nas horas de ausência na esperança de a ter novamente, transformam todo o meu comportamento para além do limite do entendimento. Uma força psíquica toma conta do meu poder de decisão, embalando-me no espaço azul, fazendo do meu corpo uma leveza tão subtil que chego a pensar não existir, apenas uma ilusão, formada pelo excesso de outra ilusão ainda maior. Talvez comparável a grãos de chumbo grosso libertados no espaço a grande altura e, de repente, se transformam em fiapos de algodão em flutuação descoordenada por todo o abranger sideral."

"Meus senhores!" — interrompeu o Alcino — "Está na hora de finalizar. Amanhã continuaremos, se Deus quiser."

Como se não acreditassem, todos os presentes rodaram a cabeça na direção do relógio dependurado na parede, ao fundo do balcão, na tentativa de verificarem da veracidade da informação. Apesar da máquina, vagarosa e cadenciadamente, em todas as horas emitir a sua informação, a atenção que tinham dedicado à audição da leitura do diário tinham-nos desfasados do tempo que passara. Da mesma maneira, o Alcino, dono da adega, também interessado profundamente nos pormenores, estava a ser prejudicado no seu negócio. É que por causa da atenção aplicada sobre o assunto, os presentes esqueciam as canecas vazias e nem se lembravam que as bocas necessitavam de lubrificação.

Tão depressa deram pelo adiantado da hora, os pedidos da última bebida da noite começaram a entrar nos ouvidos do taberneiro. Com a experiência que tinha no assunto, nem necessitava fechar a torneira da pipa. As canecas alinhadas, em fila lateral, em cima da tábua, eram empurradas e logo que esbordassem o moço pegava e entregava-as aos consumidores. Nem sempre aquele que tinha já bebido por ela, era quem a recebia, mas, como alguns diziam: "um bom vinho mata todas as más coisas."

Depois de refrescarem as gargantas, o relógio cumpriu a sua missão batendo as doze badaladas. Seguidamente, o Alcino informou:

"Amanhã é sábado, pode-se ficar até mais tarde para ouvir o resto. Que acham? Isto se aqui o nosso amigo, o do livro, estiver de acordo."

"Sim!" — respondeu o leitor do diário — "Amanhã cá estarei à mesma hora, e vamos acabar com a história de uma parte da vida de um morto."

»»..««

Sempre que acontecia algum nascimento, filho de pessoal da quinta, uma delas era convidada a ser madrinha de batismo. Todos queriam que a mais nova, a Leonor, aceitasse o pedido. Estimavam a ambas, mas se estivessem à espera que a mais velha aceitasse, bem a criança ficava sem batizar. Ela já protestava, com a irmã, dizendo que ficava muito caro ter de pagar a roupa para a criança levar à igreja no dia em que ia ser liberta do pecado que lhe tinham entregue à nascença. A mais nova não se dava ao trabalho de pensar duas vezes sobre o assunto. Ao fim de três anos, desde que ficara sem pai, já tinha amadrinhado catorze rapazes e raparigas, descendentes de empregados e de outros habitantes da freguesia. A única condição imposta era a de, para as meninas, chamarem-se com o mesmo nome da falecida mãe. Para os rapazes seria o nome do pai de quem tinha profunda saudade.

As duas irmãs eram respeitadas, na freguesia, por todos os habitantes. Primeiro, em tempo de vida dos pais, que nunca rogaram esmola a quem lhes batia à porta de serviço, que se situava em frente da entrada da cozinha. Segundo, porque eram assíduas frequentadoras das práticas religiosas, o que mais contava na época. Terceiro, porque após a morte dos seus três familiares mais próximos, as pessoas tinham elevada compaixão em relação às perdas irreparáveis porque passaram.

Ao fim de cinco anos após a morte do pai, era a referência ao tempo decorrido para localização de qualquer certo acontecimento, a Olinda, ficou doente. A irmã alarmou-se e, como louca pelo pensamento de que poderia ficar sem a única que lhe pertencia, remeteu-se pelos campos, indiferente à má qualidade dos carreiros, em direção ao balneário das termas de S. Vicente, em busca do médico que ali estivesse para que fosse socorrer a doente.

Esbaforida, entrou na receção e pediu que lhe chamassem o médico à sala. O empregado solicitou-lhe que se sentasse um pouco, pois ele estaria quase a terminar uma consulta e, no intervalo da próxima, falariam os dois.

"Ó Gonçalo, diz-lhe que é muito urgente. A minha mana está muito doente. Se lhe acontece alguma coisa ruim, nem sei como irei viver sem ela. E se ele demora?"

"Não vai demorar, asseguro-lhe! É rápido nas consultas, só se for um caso complicado é que não. Mas isto aqui é sempre a mesma coisa. Bronquite e mais bronquite. Já os atende de cor e ainda é o segundo ano que aqui presta cuidados médicos."

"Como se chama o doutor? Não é o mesmo?" — interrogou com expressão aflitiva.

"Não, o outro foi para a reforma e o diretor clínico só está cá no mês de agosto. Mas olhe que a sua irmã vai ficar em boas mãos!"

Acabando a explicação, a porta do consultório abriu-se. Uma paciente saiu acompanhada pelo marido.

O doutor mandara entrar, ao ser informado, pelo rececionista, de tão aflitiva presença no salão.

"O que temos de tão grave?" — interrogou, lançando um sorriso àquela que tinha na sua frente, a fim de ela descomprimir da aflição em que se encontrava.

"É a minha irmã que está doente. Pode ser muito grave!"

Depois que lhe contou resumidamente o que se passara com a sua família, o médico, um homem da mesma idade da Leonor, com cerca de um metro e setenta de altura, cabelos louros ondulados, elegante e bem parecido, era cobiçado pelas mulheres que frequentava aquela estância termal. Sempre mostrando sorriso, por tudo e por nada, tornava ainda mais prazenteiro estar na sua presença.

"Faça-me o favor de esperar ali na sala! Vou apenas atender a última consulta e depois vamos os dois. A propósito, tem caminho onde possa circular o automóvel?"

"Tem sim. Mesmo até à porta da casa. É na Quinta de Lamego."

"Ainda bem. Estou cansado de andar aí pelos campos a sujar a roupa e os sapatos, mas quando não pode ser de outra maneira não há que ter medo."

"Eu fico à espera, senhor doutor!"

"Senhor doutor, não. Apenas Miguel Pereira, para a menina, creio... não lhe vejo aliança."

"Sim, solteira, assim como a minha irmã."

Ao fim de quinze minutos, a consulente estava de saída do consultório. Passados alguns minutos, o doutor saiu pela mesma porta dirigindo-se ao rececionista:

"Vou com aquela senhora fazer uma consulta. Não irei demorar. Vou à Quinta de Lamego e depois ao alto da Várzea, onde fui ontem. Aproveito por ficar perto."

A seguir, aproximou-se da mulher que o esperava impacientemente, já de pé, saindo para o largo, em frente ao balneário e do hotel termal, onde o automóvel se encontrava estacionado, à sombra das frondosas árvores.

»».««

Conforme havia prometido, na noite anterior, às dezanove horas, o homem portador do diário já se encontrava na adega. Apesar de chegar cedo, já não era o primeiro. Cinco estavam já à espera dele. Em poucos minutos mais, o grupo engrossou substancialmente. As canecas foram sendo cheias e o Alcino não tinha descanso nem o moço, seu ajudante. Passados trinta minutos, a assembleia estava completa, tendo mais três elementos do que na noite anterior. O homem bêbado do costume estava presente, mas para contrastar com as outras noites teria bebido pouco, o que fazia dele um barulhento e quezilento, simultaneamente. Um dos presentes, conhecendo-o perfeitamente e com intenção de lhe acalmar o espírito, ofereceu-lhe uma caneca grande de verde tinto. Embora tivesse recusado, apenas uma vez, assim que o rapaz, trabalhador da adega, lha colocou na mesa, iniciou a trasfega para o seu armazém estomacal e, de três goladas, o fundo da vasilha estava virado para o teto. Serenados os ânimos, provocados pela euforia da coscuvilhice, deram lugar à leitura:

"A rapariga que tinha partido para visitar a terra natal, familiares e amigos, apresentou-se no Porto uma semana antes da data que tinha ficado combinada entre nós. Quando me apareceu no quarto fiquei confuso. Não sabia se havia de ficar satisfeito ou com medo de que algo de anormal tivesse acontecido. Durante a sua ausência continuei a praticar a língua inglesa, socorrendo-me de aulas individuais numa escola na praça de D. João I. Pelo meu empenho, já compreendo alguma coisa da vida de todos os dias. Na rua, falo só, chamando pelos nomes das coisas em inglês. Depois, nas aulas, tento certificar-me se a pronúncia é a indicada ou não. A seguir ao primeiro abraço, sem comentários, de parte a parte, que foi longo e sentido por ambos, perguntei-lhe porque motivo viera tão cedo. Vagarosamente, e para que compreendesse melhor, disse-me que as saudades eram tantas que não pôde ficar mais tempo ausente. Disse ainda que, o dinheiro se tinha acabado, pois comprara prendas para todos os elementos da família; pais, avós, irmãos e irmãs. Ao todo uma dezena de pessoas. As prendas maiores foram para os pais, irmãos e irmãs ; uma bicicleta para cada. Apenas o pai possuía uma, mas já era muito velha e pesada. Ela disse, com lágrimas a escorrerem em abundância, que estava a ficar louca, pela minha falta junto dela, mesmo estando no seio da família original. Só quer estar comigo, pelo que trocou tudo por esse motivo. Disse-me que a vida dela depende de mim, portanto, que se entregava novamente, na totalidade, sem reservas. Não voltava a ausentar-se sem que eu fosse também. Quando nos separámos tínhamos transferido lágrimas, em abundância, um para o outro. As nossas caras estavam totalmente molhadas. Nunca me tivera visto em tal estado. Nunca chorara tanto, nem na morte dos meus ascendentes. Aquela mulher veio dar-me um novo fôlego à vida. Um vigor desmedido tomara conta de mim, mas acredito que uma insanidade não ficava atrás em tudo isto. No meio de toda a alteração sofrida uma coisa me continua a preocupar; se a minha família toma conhecimento, o que será de mim? E dela a seguir? O que será de nós os dois? A minha vida financeira depende da minha indústria. E se me afundo? Talvez seja o que me espera, quem sabe? Que o Criador tenha compaixão de mim e dos outros!"

Passada a primeira leitura que tinha escolhido, fez uma pausa, comentando:

"Isto é um descalabro. Se ele não tivesse escrito este diário nada saberíamos, ficando na ignorância e no disse que disse."

"O que é feito da moça?" — interrogou um dos presentes. Os outros também se manifestaram pela interrogação.

"Fomos ao Porto, à fábrica, e ao quarto que ele tinha alugado. Não encontrámos sinais dela nem nada que fornecesse indicações da sua presença. Quando comunicámos a morte ao contabilista da fábrica, no escritório, esclareceu-nos todos os pormenores que sabia. Indicou-nos a morada do quarto onde ela morava e encontramo-la."

"Como reagiu ao saber da morte do amante?" — indagou um dos ouvintes.

"Entrou em alta gritaria, caindo numa espécie de transe. Foi necessário chamar o médico dos Bombeiros Voluntários do Porto, para lhe prestar assistência, o que aconteceu meia hora depois. O quartel fica perto do quarto. O doutor deu-lhe uma injeção e passou uma receita. Como não havia mais ninguém que tomasse conta dela, a minha irmã ficou lá."

"O quê? Então ela meteu-se com o tio e ainda a fica ajudar, sabendo de tudo? Ao que chegou este mundo!" — fora uma afirmação interrogativa esfuziante de um dos bebedores.

"Realmente são boas pessoas, ainda prestam ajuda a quem tanto mal fez à vossa família!" — foi a vez do dono da adega se pronunciar.

"E quem vai continuar a pagar-lhe a alimentação e o quarto?" — interrogou outro.

"Nós não vamos pagar mais nada, até porque nos disse o contabilista, a miséria espera-nos rapidamente. Não há ponta por onde se lhe pegue. Ele chamou-o diversas vezes à atenção que a empresa estava a ficar sem dinheiro e sem crédito. Sendo o negócio em nome individual, ele como proprietário punha e dispunha como bem entendia. Pela terceira vez que o chamou à razão para lhe explicar, através da demonstração do balancete geral, que as coisas estavam a afundar-se, o meu tio ter-lhe-á respondido que: "Enquanto receber o seu ordenado não tem nada a ver com aquilo que eu faço. Quando chegar um fim de mês que não haja dinheiro para lhe pagar, mando-o embora, despeço-o."

"Ouvimos dizer que as propriedades estão hipotecadas aos bancos. Isso é verdade ou simplesmente invenção das pessoas cá da terra?" — interrogou o homem de mais idade.

"Já se vai falar nisso. Tenho aqui assinaladas as folhas que têm o que mais esclarece o estado a que o meu familiar chegou. Assim, passo a ler: "A Erika, pediu-me dinheiro para ir mais uma vez, ver a família à Suécia. Já não se deslocava lá há dois anos. Ela nunca trabalhou em qualquer atividade. Ofereceu-se, muitas vezes, para o fazer, mas recusei sempre. Preferi que ela vivesse à custa do meu dinheiro, pois queria-a sempre disponível para mim. Já basta, para sofrimento, os fins de semana em que tenho de me ausentar. São, para mim, sacrifícios sem dimensão. Tentava disfarçar junto da família que tudo estava bem, o que era precisamente o contrário. Às vezes, até me arrepiava com medo que algum familiar fosse informado, mesmo sem esse propósito, do que eu tenho andado a fazer. Já passou bastante tempo que a rapariga ficou instalada, por minha conta. Apesar de todas as cautelas, existe sempre, à solta, uma ovelha negra disposta a estragar tudo. Por esse motivo não nos ajuda a levar a vida de certa forma dentro de elevado grau de felicidade. Na ocasião que mostrou vontade de se deslocar, pediu uma elevada quantia em dinheiro, pois além de todas as despesas decorrentes da sua deslocação, uma irmã mais nova iria casar-se e ela mostrara vontade de lhe oferecer, em nosso nome, uma boa prenda. Isso foi verdade porque li a correspondência que lhe remeteram e estava escrita em inglês, conforme fora sempre sua exigência para que eu pudesse ler e traduzir, embora com alguma dificuldade. Nunca duvidei nem duvido da honestidade da rapariga. Sei que tenho vindo a gastar uma fortuna com ela, mas nada posso fazer para o evitar. Dar-lhe-ia todo o mundo se conseguisse fazer a escritura. Então, para lhe satisfazer o desejo, resolvi pedir mais um financiamento bancário. Como já tinha a hipoteca sobre a fábrica e o penhor mercantil sobre as máquinas, dei de garantia as propriedades da aldeia, que herdara, por morte dos meus pais, e que me pertenciam na totalidade. Pedi pessoalmente ao avaliador que o banco lá ia enviar para que fizesse as coisas sem que ninguém se apercebesse do que realmente estava em jogo. Ele acedeu e compreendeu, garantindo que se levantasse suspeitas diria que era uma vistoria para a Câmara de Penafiel. Fiquei mais descansado, pois se descoberto na ocasião, nem ela iria à Suécia, nem eu teria mais sossego no seio da família. A Erika tinha combinado demorar cerca de um mês. Fiquei triste e desorientado com a notícia. Não a queria longe de mim. Tenho necessidade da sua presença, como de alimentação durante o dia. Está sempre no pensamento. Parece que se instalou no meu cérebro e construiu lá uma habitação com caráter definitivo. Quis expulsá-la, por vezes sem conta, mas o resultado do meu esforço fora sempre energia perdida. Nada conseguiu mover a sua permanência. Em qualquer circunstância que me encontre, a sua imagem está lá a ocupar o fundo. Não há definição que lhe possa delimitar o espaço que ocupa. Ela preenche todos os lugares vagos e os que estão ocupados ela sobrepõe-se, fazendo com que eu apenas a veja. Até na leitura de um documento os meus olhos veem-na, simultaneamente, com o texto, mas o fundo é a sua imagem que completa o cenário e se sobrepõe. Passados dez dias de amargura, na fábrica e em casa com a família, sinto-me fraquejar. Não sei o que tenho nesta data. Estou ansioso como nunca estive. Talvez seja pela falta dela. Não vejo outro motivo. Não tenho vontade de comer, de beber, de tomar banho. Sinto-me perdido, apaixonado cada vez mais, ou num estado de loucura que, naturalmente, não terei cura. No décimo primeiro dia, às dezanove horas, quando estava a chegar junto da porta de acesso ao prédio onde tenho o quarto, fiquei imóvel, no meio do passeio, como se tivesse sido pregado pelos pés aos ladrilhos do cimento do pavimento. Ela estava à minha frente, sorrindo abertamente, como se pensasse que eu não acreditaria na realidade. De verdade, de princípio, julguei tratar-se de uma visão aquela imagem. O meu cérebro estaria a lançar coisas impossíveis para me atormentar ainda mais. Tive dúvidas quanto à minha sanidade mental. Perante a indecisão, ela dirigiu-me a palavra e eu nada disse, com a surpresa recebida e o sofrimento de todos aqueles dias e noites acumulado, pela sua ausência. Ela, para mim, é mágica, pois consegue aliviar todas as minhas tormentas apenas com o seu olhar, aquele olhar que me preenche já lá vai muito tempo. Creio que o amor dela é tão forte como o meu. Sei também que estou praticamente arruinado financeiramente, mas isso é o mal menor, pois mesmo que vá viver para a entrada da estação de S. Bento, a sua imagem aconchegar-me-á e, isso, só por si, é suficiente para que possa continuar a viver no mundo da fantasia. Nem Deus terá tão belo viver."

"Vamos fazer um intervalo!" — disse o Alcino — "Vamos ter uma longa noite. Queremos saber tudo, se não se importa."

"Então, não vai encerrar à meia-noite como de costume?" — indagou o Manuel, barbeiro nos tempos livres de lenhador.

"Não, hoje vamos ficar até mais tarde. Faremos serão. Falei com o sargento da guarda, nas termas, e contei-lhe que tinha necessidade de fechar excecionalmente pelas duas horas da madrugada, por causa do assunto em questão. Ele concordou, abrindo uma exceção."

"Vamos lá molhar a palavra, antes de mais novidades. Estávamos a morrer à sede por causa da conversa". — acrescentou o António, da carpintaria.

"Este caso é complicado. Nunca ouvi tamanha história. Isto foi obra do diabo. Só ele é que foi capaz de dar a volta ao miolo do homem. Para sossego dele, está morto, portanto, ninguém o vai incomodar, e mesmo que vão ao cemitério insultá-lo nem se vai dar ao trabalho de responder" — era o bêbado a falar, que na última hora não tinha aberto a boca a não ser para despejar duas canecas da bela pinga, como fazia questão de comentar sempre que bebia.

Imediatamente, as canecas formaram fila em cima da tábua e a torneira fora aberta, passando o moço a fazer a pequena viagem da pipa ao balcão. Àquela hora da noite, ninguém queria petiscos, apenas vinho. A história alimentava-os o suficiente.

Vinte minutos mais tarde, e no meio da confusão que se estabelecera na adega, entre os pequenos grupos em comentários exacerbados sobre o assunto, o familiar do defunto e enterrado, falando, perguntou:

"Meus senhores, vamos continuar?"

Um sim coletivo e rápido dera sinal de partida. De

seguida, o especialista em leitura da obra em diário, abriu nova página, onde tinha um marcador, iniciando a sua função:

"Com o aparecimento repentino da rapariga, bem mulher, julguei que tinha sido engano, mas, mais do que uma vez, ela fora por um período determinado à Suécia e regressara mais cedo. Em face disso, analisei demoradamente todo o passado, juntando peças soltas que tinham ficado pelo caminho desta nossa vida. Algo não batia certo. O dinheiro que gastei com ela, para uso pessoal, para nosso consumo e com as suas deslocações à terra natal, soma uma grande fortuna. Então, resolvi confrontá-la com a realidade, pedindo que me explicasse o que fizera a tanto dinheiro que lhe fui dando ao longo dos anos. Ela parecia ser muito equilibrada nos seus gastos. Após lhe ter feito a pergunta deliberada e suavemente, pois não a queria melindrar, muito menos perdê-la, ela foi solícita em esclarecer: "Já que finalmente fizeste a pergunta, sobre isso, vou esclarecer o que tenho feito desde que te conheci. Fiquei contigo por paixão e não por dinheiro. Gostei e gosto tanto de ti, apesar da diferença da idade, entre nós os dois, que não é nada de anormal, como tu tens demonstrado gostar de mim. Posso afirmar, solenemente, que fomos feitos um para o outro. A nossa harmonia conjugal é completa. A natureza criou-nos com esse sentido. Durante os vários anos que estamos a viver em comum estivemos sempre de acordo e nem uma única vez houve uma simples discussão. Se um diz sim, o outro diz duas vezes sim. Haverá, certamente, poucos casais, com sacramentos à mistura, segundo as suas crenças religiosas que, no mesmo período de tempo, se tenham entendido, de forma tão positiva, como nós os dois. Agora, a parte financeira. É verdade que estás arruinado financeiramente, por minha causa. Talvez seja o custo, de tão grande amor e paixão, a pagar. Não me sinto culpada pelo que aconteceu entre nós os dois. Não vim para Portugal para esse fim. O destino juntou-nos, não nós a ele. Se as coisas correm mal, por causa desta nossa união, a outras pessoas, ambos somos culpados, apenas que não analisámos, em devido tempo, e agora será tarde demais para o fazer. Além dos muito infelizes, teus familiares, passaria a haver mais dois. Vou esclarecer tudo muito bem e espero que após terminar possamos aumentar a nossa ligação afetiva. Então, para completo esclarecimento da verdade, quero que saibas que tenho uma grande surpresa para ti. Se irei amargar por isso não sei, mas também te conheço muito bem e julgo que nada nos vai fazer afastar. O dinheiro que me deste durante todo o tempo que estamos juntos não foi esbanjado por mim, como podem afirmar todas aquelas pessoa que nos veem juntos. Nunca te quis explorar, antes proteger-nos. Quando verifiquei que o caso poderia vir a tornar-se muito sério para nós, percebi o risco em que ias ficar se a tua família viesse a descobrir a nossa união de facto. Eu teria de te abandonar e tu nunca mais terias boa aceitação no seu seio. Nada seria mais cruel do que a nossa paixão ser quebrada por interferência de terceiros, com ou sem razão. Analisei todos os caminhos a seguir, protegendo-me e protegendo-te, simultaneamente. Não poderia passar sem ti como, naturalmente, não quererás passar sem mim. Por tudo o que poderia estar em jogo, formulei um plano. Todos os meses, o dinheiro que não era necessário, depositei-o numa conta que abri em meu nome, no Banco Borges & Irmão, na rua Sá da Bandeira, e sempre que tinha determinado valor, transferi-o para depósitos a prazo, a fim de aumentar o valor. Quando me deslocava à Suécia fui apenas três vezes e, mesmo assim, permanecia dois dias de cada vez para matar saudades. Com o dinheiro que não foi gasto, constituía novo depósito. Há dois anos, quando fiz a última viagem fui diretamente para o Algarve, a fim de comprar um apartamento que não fosse muito grande. Ao segundo dia de procura, com a ajuda de uma agência que trata desses assuntos, encontrei o ideal, mesmo no centro de Albufeira, a escassos cem metros da praia. Achei que era o sítio próprio para nós os dois. Nestes dois anos tem sido alugado, através da mesma agência e tenho obtido bom rendimento. Quase sempre ocupado. Solicitei à agência que me enviasse toda a correspondência necessária para a posta restante, junto da estação dos correios na praça da Batalha. Fiz tudo o que foi possível para não tomares conhecimento. Queria fazer-te uma grande surpresa e parece que consegui ao olhar para a tua expressão facial. Tinha intenção de, no próximo verão, que é daqui a três meses, mudarmos para lá. Aqui, a situação está a ficar perigosa, embora tenhas disfarçado o melhor que consegues, mas tenho estado atenta. Já cancelei o contrato de arrendamento com a agência, portanto, a partir do próximo mês está vago, à nossa espera. Vamos ter que nos ausentar sem que ninguém saiba para onde. Também fiz a compra do apartamento apenas em meu nome por questão de segurança. As dívidas são muitas e aquilo que estiver em teu nome vai à praça. Agora, para completar a nossa história de amor, estou grávida de quatro meses. Bem dizias que estava a ficar gorda, mas penso que nunca soubeste do que se tratava. Continuo a amar-te mesmo que me passes a detestar."

O homem ouviu toda a conversa sem pronunciar uma interrupção fazendo apenas interjeições faciais. No final, quando ela terminou e lhe contou a novidade, ele pronunciou-se:

"És realmente uma mulher com inteligência! Procedeste a tudo isso em completo segredo. Nunca vi nenhum documento que me alertasse para o que andaste a fazer ao longo dos anos, mas não te quero mal algum por isso. Agora, a novidade maior, a gravidez, ainda me veio dar mais compreensão por tudo o que estiveste a fazer. O teu procedimento, noutro caso semelhante, seria ficar arruinado e sem a tua companhia, o que seria a maior provação que me poderias obrigar a passar. Em tempos, pensei que se por qualquer motivo não quisesses continuar esperava-me, para a última viagem, o tabuleiro superior da ponte de D. Luís I, local de partida para os enjeitados e infelizes, sem outra solução com maior dignidade. Neste momento, apesar das consequências financeiras que me esperam, estou mais feliz do que alguma vez estive, mesmo no dia e noite que te conheci e possuí. Se o teu plano der certo, como espero, ainda havemos de ter dias de maior felicidade a três. Apesar de me sentir um pouco cansado penso que é motivado por todos os problemas que arranjei, desde que te conheci. Tenho estado a viver uma vida dupla e, isso, tem-me consumido bastante o corpo e a alma. Para que eu tivesse sido extremamente feliz contigo, alguém mais ficou a perder e não é possível o retorno. Assim sendo, na próxima semana irei a casa, como habitualmente, e informarei a família sobre a minha situação financeira e que me irei ausentar, definitivamente, para parte incerta, de onde não mais retornarei. Concordas?"

"Sim! Vamos partir para vivermos o resto da vida em conjunto com a criança que irá nascer dentro de cinco meses".

"Já tens planos para nós?" — interroguei admirado que estava.

"Tenho! Irei tomar conta da agência imobiliária. Combinei o custo. O proprietário já é de idade e quer traspassar o negócio. Vamos ter uma boa a oportunidade, pois a procura de apartamentos está a aumentar e já pensei ter ligação com as congéneres na Suécia."

>>>>..<<<

"Mostre a língua se faz favor!" — disse para a doente que se encontrava recostada entre almofadas e a cabeceira da cama — "Isto é somente uma amigdalite. Daqui a dois dias estará pronta com o medicamento que lhe vou receitar."

"É tão simples o que ela tem? Mas tem muita falta de ar!"

"Pois é. Tudo está inflamado ali dentro, o que lhe provoca essa dificuldade em respirar e de engolir. Mas não há de ser nada de grave, garanto-lhe."

"Quero pagar a consulta!"

"Amanhã volto cá à mesma hora. Entretanto mande à farmácia lá abaixo para que lhe preparem o remédio. Demora mais ou menos meia hora a ficar pronto."

"Vou mandar a Rosa, a empregada, a mais antiga na casa."

No dia seguinte, um pouco atrasado em relação ao tempo indicado, o carro estacionou debaixo da alta ramada, em frente da porta de acesso às escadas. A Leonor esperava-o sentada no banco de granito azul, constituído por três peças; duas que eram o suporte e a horizontal, muito grande. Tinha espaço suficiente para quatro pessoas sentadas.

"Eu acompanho-o!" — disse a Leonor assim que o doutor se apeou do seu Buick preto e pneus com faixa branca, que conferia um ambiente elegante à viatura.

"Como está a nossa doente?" — interrogou da porta de entrada do quarto.

"Melhor, muito melhor!"

"Nem se torna necessário responder. Nota-se à distância. Amanhã quero-a fora desta cama, deste quarto e desta casa. Apanhar ar nos campos é o segundo melhor remédio."

Todos riram e sorriram com a receita.

"Quero pagar as consultas!"

"Não, não paga coisa alguma!"

"Fazemos questão."

"Então, para saldar as contas, pagam-me um jantar, de acordo?"

"Só para o senhor doutor?" — interrogou a paciente.

"E para quem mais haveria de ser?" — interrogou, lançando um longo sorriso.

"É que pensei que era casado. Já com essa idade... mas está combinado. Como diz que estou pronta, não pode ser para o almoço de domingo, aqui em casa?"

"Boa ideia. Ao domingo de tarde o balneário está encerrado, mas eu fico sempre de serviço. Direi ao rececionista do hotel e ele manda chamar por mim em caso de ocorrência que mereça urgência a minha comparência."

"Combinado!" — disseram as irmãs ao mesmo tempo.

A cozinheira preparou um assado com pato da quinta e arroz, no forno a lenha, guarnecido com um grande ramo de salsa apanhada no momento. A refeição foi acompanhada por vinho verde tinto, produzido na casa, e retirado do pipo que servia para fornecer aos trabalhadores. As mulheres não bebiam, apenas água.

No final do almoço o doutor agradeceu a perfeição do serviço e a forma como tinha sido tratado, quer por elas, quer pela empregada.

"Não mereço tanto. Sou simples por natureza. Já agora, aquele moinho que se vê da estrada é vossa pertença? Nunca vi o interior de nenhum. Nasci na cidade do Porto e estudei lá. Sou um completo ignorante em relação à vida rural. Tenho aprendido muito nestas duas épocas que aqui estou."

"Vamos lá agora, quer?" — perguntou a Olinda.

"Sim, vamos!" — respondeu a Leonor.

Muniram-se das chaves e remeteram-se pelo lameiro fora chegando à pequena entrada.

Lá dentro nada de novo. Tudo estava parado. A Leonor disse:

"Vou pô-lo a funcionar!"

Subiu os três degraus no exterior, abriu a pequena comporta de retenção do caudal de água do canal que estava ligado ao ribeiro, duzentos metros acima. Após o primeiro batimento da água contra as pás de madeira da roda grande, posicionadas horizontalmente, todo o conjunto iniciou o cumprimento da sua missão. O doutor analisou demoradamente todos os movimentos, vendo os grãos de milho a caírem no buraco da pedra superior da mó em movimento circular. Momentos depois, a farinha iniciara a queda numa vasilha quadrada construída em madeira.

"E nós comemos o pão sem saber o trabalho que deu, desde a sementeira, até chegar à mesa."

"É verdade. É muito simples, mas o que é preciso é fazê-lo" — afirmou a Leonor.

Ficaram as três a contemplar o movimento da pedra. Parecia até que era a primeira vez que todos o faziam.

"Gostei muito. Estou muito agradecido."

"Nós é quem ficamos agradecidas!" — afirmou a Leonor.

"Tenho de retribuir este almoço, mas têm de ir ao hotel. É lá que vivo enquanto estou a trabalhar nas termas."

"Não se incomode. Não é necessário!"

"Faço questão disso. Não dispenso a vossa companhia, se quiserem a minha, evidentemente."

Depois do almoço de domingo, no hotel, o doutor disse que estava interessado um manter contacto regular com elas. Ele estava inclinado para a Olinda, pois dedicava-lhe mais atenção estando sempre perto dela. Seguidamente, deram um passeio pelo pequeno parque ensombrado pelas densas árvores que protegiam as pessoas dos raios solares e do calor intenso que se fazia sentir.

O doutor ia estar na localidade até ao fim do mês de setembro, altura em que a estância termal encerrava.

Por causa da frescura do parque, o doutor, disfarçadamente, retirou a bomba do bolso do casaco e fez duas inalações perto dum tronco de uma árvore. A seguir, pediu desculpa.

"Esta minha bronquite mata-me!"

"O doutor vai safar-se dela rapidamente!" — comentou a Olinda.

"Não! Esta veio para ficar. Já é de família. O meu pai morreu aos cinquenta e dois anos. A mim espera-me o mesmo se a medicina não arranjar remédio para acabar com ela. Por essa razão quis ir para medicina, em vez de económico-financeiras, que era o que para mais me inclinava. Depois vim para estas termas que são especiais para esta maleita. Todos os anos, além de receitar aos pacientes, também faço um tratamento completo."

"Vamos combinar o nosso próximo encontro!" — disse a Olinda — "Para se estar mais à vontade fica marcado para sábado em nossa casa. O doutor até pode lá ficar e de manhã vem para as termas. Que acha?"

"O jantar fica combinado. Quando ao dormir em vossa casa nem pensar. Não seria agradável ouvir comentários, sem fundamento, principalmente referentes às duas. A voz do povo é sabedoria personificada, mas também é maldade quanto se não deseje. Às oito lá estarei. Agora, vou acompanhá-las a casa, mas vamos a pé, pela estrada se não se cansarem."

"Estamos prontas. Conhecemos sobejamente todos estes caminhos. Vamos pelos trilhos dos campos e depois o doutor vem pela estrada, certo?"

Às dezoito e trinta estavam dentro da casa da quinta.

"Vou mandar preparar um chã de cidreira, colhida no momento. Temos aí uma lata de bolachas que nos trouxeram de Penafiel há dois dias. Aproveita-se para abrir a embalagem. Normalmente, não comemos coisas doces."

>>>>..<<<<

"A última anotação neste diário diz o seguinte: "No próximo sábado vou à minha terra natal informar a família. Estou preocupado, não pelo que vou dizer, mas pela situação financeira em que vão ficar daqui para a frente. Irão odiar-me o resto das suas vidas. Agora, próximo da realidade em que me encontro, estou em estado mental debilitado. Sei como vou iniciar o diálogo, mas não sei como vai acabar. Irei passar pelo maior transe da minha existência e, todos eles, vão ter de arranjar ocupação se não quiserem ir viver de esmolas e dormir ao relento."

No sábado de manhã cedo, o doutor partiu para a sua terra natal. Tinha estado a falar com o seu velho amigo engenheiro, o causador da sua junção com a bela rapariga sueca há uns anos atrás. Contou-lhe tudo em pormenor sobre a atual situação, no amor, nas finanças e o descalabro que o esperava se realmente não desaparecesse rapidamente da cidade do Porto. Todos iriam cair-lhe em cima; empregados sem futuro, oficiais de diligências judiciais em fila para o citar e um sem número de pessoas que lhe iriam apontar a porta do inferno como destino certo, em vida e em morto.

O amigo ouviu-o sem interrupção. No final disse-lhe:

"Quando se enfrenta o amor de forma errada o custo pode ser elevado, mas também pode ser compensatório.

Depende de cada um. Nada mais tem grande valor na vida do que um grande amor, mesmo com sofrimento de terceiros. Nós, para o conquistar e manter, teremos que proceder de igual modo a outras espécies animais. Destruímos tudo à nossa volta, com tenaz luta, pondo em risco a nossa sobrevivência, tendo, no final, o prémio, mesmo que seja à custa de outros de quem muito gostamos."

O leitor do diário continuou a falar:

"A história escrita pelo meu tio acabou aqui. A parte final foi vivida pela minha tia, atualmente viúva, no dia em que ele veio para lhe contar aquilo que fizera, em segredo, durante alguns anos. Juntou-se com a mulher na sala e começou a narração. Mostrava-se inquieto, angustiado, pálido e com dificuldade em se pronunciar. A mulher, minha tia, julgava que ele estava somente nervoso. Quando iniciou descrição apenas lhe contou que tinha outra mulher; uma estrangeira. Seguidamente, agarrou-se ao peito e caiu para o lado, nada mais dizendo nem se mexendo. Se não fosse a empregada da casa ter ouvido que ele tinha um diário, este. Somente mais tarde nos iríamos aperceber da situação quando começassem a executar as hipotecas das propriedades. Toda a família vai ter de dar novo rumo à vida, pois a fonte de rendimento secou. Possivelmente, jamais chegaríamos a ter conhecimento em pormenor que fez da sua vida com ela, pois ter-se-ia ausentado e o seu rasto seria apagado como giz em quadro de lousa preta."

»»..««

Ao fim do lanche, o doutor disse para a Leonor que necessitava ter uma conversa a sós com a Olinda.

"Estou de acordo. Vou para a cozinha conversar com a nossa empregada."

Entrando na cozinha, depois de percorrer o longo corredor interior, chegou-se para junto do forno, aquecido a lenha, que ainda estava quente. A empregada perguntou:

"Os outros?"

"Estão na sala a conversar!"

"A conversar ou a namorar? O doutor, salvo o devido respeito, está apanhadinho pela sua irmã."

"Será?" — interrogou incrédula.

"Nem será necessário perguntar, basta olhar!"

»»..««

Cinco meses após a morte do doutor, no Algarve, nascia uma menina. Foi registada com o nome de Erika, como a mãe. Ao final de um mês de vida, os olhos, as feições e o cabelo eram como se fosse uma fotografia, em carne e osso, da sua progenitora. Fora registada como filha de mãe solteira e de pai incógnito. Talvez estivesse aqui, sobre a inocente, ainda bebé, a vingança da natureza, pelo desvario da própria mãe ao fazer com que uma família inteira fosse despojada de todos os bens materiais e morais, e acarretasse todos os males para o resto da existência de todos os elementos.

»»..««

Casaram no mês de dezembro seguinte. Foi amor à primeira vista. O médico veio morar para a casa da quinta. Não tinha consultório, pois atendia todos aqueles que necessitavam dos serviços nas suas próprias residências. Nas épocas termais seguintes continuou a prestar serviço na estância termal, onde continuava a fazer o tratamento anual para a sua doença.

Ao fim de quatro anos, o casal tinha três filhos; dois rapazes e uma rapariga.

A amizade entre todos era constante e permanente. Apesar de terem uma nova forma de vida, as irmãs continuavam inseparáveis e a dividir todas as suas alegrias e contrariedades como sempre tinham feito.

As crianças foram estudar, na escola primária local e depois em Penafiel. Seguiram os estudos superiores na cidade do Porto.

Aos cinquenta e um anos de idade, o doutor morreu com a mesma doença que tinha vitimado o seu progenitor; bronquite. Dez anos mais tarde, morreu a empregada, a Rosa, com ataque de bronquite, como tinha acontecido com o seu último patrão.

Após a sua morte, começaram as partilhas dos bens. O casamento tinha sido no regime da comunhão geral de bens.

A partir dessa ocasião, os problemas entre as duas irmãs tiveram início. A luta pela divisão dos bens fora tenaz. Gastaram uma parte substancial, pagando àqueles que tornam os casos mais difíceis, em vez de os facilitarem, dos valores envolvidos. Durante algumas décadas depois, a desarmonia mantinha-se com ódio infernal à mistura. O pedido que o pai lhes tinha feito, antes de partir, em busca da sua amada mulher e do seu dedicado filho, de nada serviu. Ao fim de uns anos de lutas destruidoras da personalidade que o ser humano é portador, separaram residência, tendo uma delas, a mais nova, ido viver para Penafiel. Passaram a detestar-se com mais ódio do que se tinham amado como irmãs inseparáveis. Foi o fim daquela família que tanto sofrimento teve, ao ver-se desmembrada, pela partida definitiva dos obreiros principais. A vida continuou, mas cada uma delas para seu lado. Aquela que foi viver para Penafiel, fez testamento para que, quando a sua vez de partir para o nada chegasse, fosse sepultada naquela cidade e jamais no jazigo de família. Como dizia o pai:

"Na morte, estaremos sempre em silêncio. Não haverá luta, independentemente de quem estiver ao nosso lado. Assim, não é necessário preocupar-mo-nos com o local onde iremos jazer!"

Printed in Great Britain
by Amazon